せめて25歳で知りたかった投資の授業

三田紀房×ファイナンシャルアカデミー

星海社

103

SEIKAISHA SHINSHO

はじめに

あなたは、働いて稼いだお金をどこに置いていらっしゃいますか？　ほとんどの方が銀行に預けているのではないでしょうか。

「ゼロ金利《きんり》」。ニュースでこの単語を聞いたことのある方は多いでしょう。長らく日本はゼロ金利の時代にいます。ゼロ金利とは（預金者が）銀行にお金を預けてもらえる「利息（＝金利）」が「ゼロ」（に近い）ということです。現代の日本では、お金を銀行に置いていようが、タンスにしまっていようが、神棚《かみだな》に供えていようが、増えることはありません。

でも、おかしいとは思いませんか？　銀行は、「預かる」という言葉を使ってこそいますが、わたしたちからお金を借りている立場にあります。わたしたちがお金を借りたら、「ローン」という名目で金融機関から利息をとられるのに、銀行はわたしたちに対して利息を払ってくれないのです。それでも、誰もがお金を銀行に預け続けています。

どうして銀行にお金を預けるのが常識となっているのか。それは、**この日本に、銀行に預けてさえいればお金が増えるという時代があったからです。**

わたしが大学生になった1992年のことです。バブル崩壊の翌年ではありましたが、日本経済には相当なパワーが残っていて、郵便貯金（現在のゆうちょ）の定期貯金に10年間預けると——年間で「8％」もの金利がつきました。銀行の定期預金も同様です。いまとなっては信じられない好条件です。預けたお金は、複利《ふくり》（詳細は後述します）を含め、10年後に「2倍」になる計算でした。

預けてさえいれば、必ず増える。しかも銀行はまず潰れることがありませんでしたから、預けたお金はほぼ確実に守られる。こんな羨ましい状況が「常識」として存在しました。この恩恵を受けたのが、あなたのご両親あるいは、おじいちゃんおばあちゃんたち。その世代の人にとって、使えるお金・人生設計に予算として含んでいいお金は「給料」だけではありませんでした。「給料＋金利収入」だったのです。この経験があるからこそ、**日本に**

はいまだに「稼いだお金はコツコツ貯金」という固定概念が生き続けています。

ここまで読んで、「そんな時代があったんだー」とため息をつく人もいるかもしれません。ただ、嘆いたところで仕方ないこと。時代は変わりました。かつての状況が戻ってくることはかなり難しそうです。

では、「給料＋金利収入」という楽な運用方法に頼れない「これからの世代」はどうしたらいいのでしょうか。結婚をし、家族を持つ人もいるでしょう。子どもが産まれ、成長すれば、高校や大学の進学などで多額のお金が必要になるかもしれません。一生独身を貫くとしても、老後の年金で十分な額をもらうことは難しそうです。どこかの段階で、あなた自身、あるいはご家族の介護が必要になる可能性もあります。お金に関する不安は尽きません。

ある試算（平成22年・生命保険文化センター調べ）によれば「ゆとりある老後」を送るには、夫婦で月35万円が必要だそうです。65歳で定年したとして、人生はまだ20年、30年続きます。現在の水準が続くと仮定して、支給される年金はサラリーマンと専業主婦の夫婦で月額約22万円（自営業夫婦なら月額13万円）です。**定年後20年生きるとすれば、世帯で4800万円以上の蓄えがないと厳しい計算になります**。ゼロ金利のいま、これだけの貯金ができる人がどれだけいるのでしょうか。

人生で必要なお金を給料だけで稼ぐのは、あまりに困難だという現実がここにあります。

そんな状況だからこそ、あなたに、「投資」をおすすめしたいと思っています。

タイトルに「せめて25歳で」とありますが、この本を読み始めた今がスタートだと思って、投資について知っていただければ幸いです。

本論に入る前に一つ、投資に関する有名なエピソードをご紹介しましょう。

「ガソリンスタンドの店員がコツコツ株式投資で9・7億円の遺産を残す」（2015年3月20日付 Market Hack より）

バーモント州で暮らしていた92歳のおじいさん、ロナルド・リードさんという方がいました。生前、この方はガソリンスタンド店員やデパートの清掃員などをして生計を立てていました。決して高給取りではなかったようですが、この方は質素倹約《しっそけんやく》に努め、コートのボタンがとれたら安全ピンでとめ、車を駐車する際は有料パーキングには決して停めなかったといいます。目的地まで少々距離があっても、タダで停められる場所を選んで歩いて向かったそうです。街では、「ドケチ」で有名な方でしたが、彼には何ものにも代えがたい趣味がありました。そう、「投資」です。ロナルドさんが保有していたのは、実に95社にも及ぶアメリカを代表する企業の株式。いったん買ったら、すぐに売ったりせず、数十年単位で自宅に保管していました。証券会社に預けると管理手数料をとられますから、こんなところにまで質素倹約を貫いていたわけです。コツコツと投資を続け、残した資産が9・7億円。生涯賃金の何倍もの額を、次代に引き継いだのです。

ロナルドさんから見ならうべきは、少額でもいいからコツコツ投資を続けることの大切さです。世界経済は成長を続けています。1970年から2015年までの世界先進23か国の平均株価は、幾度とない金融危機を経験しながらも、実に16倍になっています。このことからはっきりと言えるのは、長期で眺《なが》めると「世界経済は成長している」という事実です。

この流れに乗る手段こそ、投資です。世界経済の成長に自分の大事なお金を託し、世界の将来に希望を夢見ることを投資と言い換えても、大げさではありません。免許も要りません。学歴も不要ですから、有名企業の社員である必要もありません。必要なのは、正しい知識。そして長く続けられる習慣です。

わたしは、現在、お金の教養が身につく総合マネースクール「ファイナンシャルアカデミー」で金融投資について教えています。外資系銀行のプライベートバンク部門で富裕層《ふゆうそう》の資産運用サポートを約13年間していることもあり、どのようにしたらお金が増えるかについて、皆さんにわかりやすく投資の経験や知識をお伝えすることができますし、知っている以上、その義務があると感じています。

なぜならこれからの時代、投資や金融の知識があるのとないのとでは、人生の難易度が全く違ってくると考えているからです。

本書では、お金の教養を身につけるのにうってつけのマンガ『インベスターZ』のエピソードを引用しながら、投資の基本と本質、何よりそのおもしろさについて解説していきます。『インベスターZ』は、とある進学校にある秘密のクラブ「投資部」を舞台にした投資マンガです。内容がおもしろいのはもちろん、投資を生業《なりわい》にしているわたしから見ても参考になる本質を突いたエピソードばかりで、最初に読んだときは大変驚きました。

1章では投資にまとわりつく「怖い」というイメージからの脱却を目指し、2章では「実は簡単」といっていい投資の仕組みについて解説します。3章では、投資をはじめるうえで是非知っておいて欲しいプロの考え方をご紹介し、続く4章で投資的思考の意外な効能についてご説明します。最終章となる5章では、投資をはじめることで起きる人生の変化と、とっておきの投資メソッドについてお話しします。

もちろん、マンガを読んだことのない方でも問題なく理解できるように書いてありますのでご心配なく。

本書には、あなたの知らなかった投資の本当の姿が書かれていると思います。

どうか怖がらずにページをめくってみてください。

ファイナンシャルアカデミー　渋谷《しぶや》 豊《ゆたか》

『インベスターZ』あらすじ

札幌にある中高一貫の超進学校・道塾《どうじゅく》学園。全国屈指の成績を誇るこの学校は、授業料をはじめとした一切のお金を、生徒およびその家族から徴収しないという、特殊な学校運営を行っている。そんな超難関校の入学試験で全教科満点を取り、トップの成績で入試をパスした財前孝史《ざいぜんたかし》は、頭の良さと人一倍負けず嫌いな気質こそ目立ってはいるが、家では趣味のゲームに打ち込む普通の中学1年生――になるはずだった。

始業初日の放課後、野球部の見学に行こうとした孝史をとある先輩が呼び止める。「野球部に案内する」という彼の言葉を信じて付いていく孝史だが、行き先はグラウンドではなく、図書館の最深部にある隠し部屋だった。そこにあったのは、たくさんの大型ディスプレイとファイリングされた壁一面の資料、大きくて頑丈そうな金庫の扉――。その異様な雰囲気を放つ場所には、中2～高3までの各学年の主席たちが集まっていた。

孝史は、高校3年生の部長神代圭介《かみしろけいすけ》に、自分たちが秘密裏《ひみつり》に活動している〝投資部〟であること。道塾学園の運営費はすべてこの投資部が、資産運用によって稼ぎ出していること。そして、毎年入試にトップの成績で合格した新入生をスカウトし、入部させることが伝統になっていることを聞かされる。

想定外の展開に混乱する孝史だったが、不安よりも興味が勝ち、渋々ながら入部することに――ここに、「インベスターZ《投資家財前》」が誕生した!!

『インベスターZ』1巻まるごと試し読み公開中!
https://magnet.vc/v/1093vvw

『インベスターZ』の最新情報がわかる三田紀房公式サイトはこちら!
http://mitanorifusa.com/contents/?s=インベスター

目次

第1章
投資が「怖い」のはなぜ？

1 時間目

何も知らずにはじめていいのか株式投資

わけもわからず投資部の部室へと連れられてきた孝史は、先輩たちが興じていたマージャンに興味を持ちます。ルールもロクに知らないまま孝史はあえなく惨敗。そんな孝史に、投資部キャプテン圭介は「カモ」になることのリスクを説きます。

1巻 credit.1「北の学園」より

「株式」って、なに？

投資には様々な種類がありますが、まずは最もオーソドックスな株式投資から話をすすめたいと思います。そもそも「株式」とはなんでしょうか。

Aという株式会社を例に説明しましょう。

Aは「上場企業」と呼ばれる会社で、株式を（証券会社などを通じて）誰でも買える状態にしています。企業Aは、なぜ株式を売るのでしょうか。

彼らは、自分の会社の「権利」を売って、自分たちの事業に使うための資金を調達しようとしています。形のない「権利」というものを売り買いするために、株式という名称を与え、株券を発行しているのです。

資金調達の具体的な例には、たとえばこういうものがあります。

企業Aは、宇宙旅行ができるロケットを開発することを決定しました。

しかし、これには多額のお金がかかります。特定の能力・技術を持った人を雇う必要がありますし、特殊な設備の導入が必須です。場合によっては、日本ではなく海外に拠点を移す必要があるかもしれません。

もちろん、お金は銀行から借りることもできますが、銀行から借りたお金は利子を乗せた上で必ず返さなければいけません。ロケット開発は失敗する可能性もありますし、計画通りロケットが完成したとしても事業化までには何十年とかかるかもしれません。開発費全額を会社の資金だけでやろうとすると少しこころもとない。

こういった状況で登場するのが、株式を売ることで得られたお金です。まとめますと――。

「新しい何かを始めたい！　……でも、いまはまとまったお金がない。だから、うちの会社の権利を売ることにしました。いいアイデアは持っています。いい技術も、人も揃っています。そんなわが社の将来に賭けて、株（会社の権利）を買ってくれませんか。お返しは、ロケットのビジネスで儲けが出たら必ずします」

こうして資金を集めることで、企業は思い切ったチャレンジができ、更なる成長を遂げることができるのです。

素人とプロが同じ環境で戦うのが株式市場

様々な上場企業が名を連ねる株式市場は、とても巨大な代物です。

製品やサービスなどの売買で成立する「世界貿易取引高」（いわゆる実物経済）が年間16兆ドル（1920兆円）であるのに対し、株式は年間50兆ドル（6000兆円）にまで及びます。これに各国通貨が取引されることで成り立つ「為替《かわせ》市場」を合わせると、1050兆ドルにまで及びます。モノを売ったり買ったりする市場の何十倍もの大きさで、「権利とお金」が売り買いされているのです。投資の世界が巨大であることが分かっていただけたと思います。

個人投資家や、証券会社で働くプロ、ヘッジファンドといわれるプロ中のプロが混在するこの市場、日本市場全体に占める個人投資家の割合は、17%という数字があります。

「えっ、意外に少ないなあ」

という印象を持つ人もいるでしょう。しかし、少ないながらも毎年利益をあげている個人投資家は大勢います。

若いうちからはじめた方が経験も積めますので、投資を行うことは是非おすすめしたいのですが、注意点もあります。

残念なことではありますが、この世界には投資の経験が浅い方を「カモ」にしようとする人間がいるのも事実です。

「タダほど高いものはない」

という言葉もありますが、たとえば証券・金融機関には「無料相談窓口」というものがあります。もちろんすべてがそうではありませんが、「教えてください」と若い人が駆けこんだ際、これ幸いと、質の悪い金融商品を薦めるケースがあります。


いまも現役の世界的投資家で、ウォーレン・バフェットという人がいます。彼は多くの名言、まさに「金言」を残していますが、その中のひとつに、こんなものがあります。

「リスクとは自分が何をやっているか、よくわからないときに起こるものです」

リスク――。投資を行うにあたって常に気をつけなければならない、大事な大事な言葉です。


「B社の経営は安定的だが、社長が高齢というリスクがある」

「市場は政策発表前日、リスクを避け売り一色だった」

「先進国は、中東情勢特有のリスクに警戒感を持っている」

様々な場面で使われますが、日本語に直すなら「不安定要素」とでもいうべきでしょうか。いい方向に転がるのか、悪い方向に転がるのかはわからないが、どちらかといえば悪い方向に転がる可能性の方が高そうだというのが「リスク」の指す状態かもしれません。

ウォーレン・バフェットは、

「自分が何をやっているかわからないときに、リスクは発生する」

といいました。野球でもサッカーでも、ゲームに参加するとき、ルールや技術を知らないと戦略をたてられませんし、勝つこともできません。打ったあとサード方向に走ってしまったり、自陣のゴールにボールを蹴り込んでしまうかもしれません。

これと同じで、投資にもルールと技術が必要です。何も知らないと、あなたの投資はリスクだらけになってしまいます。

リスクを排除するための最も基本的な考え方は、

「よくわからないものには投資しない」

ということです。企業の株を買うなら、投資先の企業がどんなビジネスをやっていて、いま現在の経営状況はどうなのか——これを知らずに買うようなことはしないようにしましょう。

「あー、やっぱり投資って難しいなあ」

と感じた方は、こう発想を切り替えてみましょう。

いま、わたしたちが生きているのはどんな時代でしょうか。手元にはスマートフォンがあり、瞬時にウェブへとアクセスできます。気になる企業があればそのホームページにすぐアクセスすることができ、株価を調べることもできます。優秀なアナリストがどんな市場予測をしているか知るのも容易です。どれも、知りたいと思った数分後には、情報が手に入っているでしょう。こんなことができるようになったのは、ここ最近のこと。かつてはどの情報も、それなりの手間をかけないと手に入れることができませんでした。情報はクローズされ、金融の中心である兜町《かぶとちょう》には怪しげな人間が出入りし、不当な株価操作が頻繁に行われていました。そうしたとき、いつだって損をするのは、個人投資家でした。

いまという時代は、取引が透明化され、個人投資家にとって必要な情報の公開が急速に進んだ、ある意味すばらしい時代ともいえます。

情報を正しく使い、お金の教養を高めれば、誰でも資産形成できる恵まれた時代に生きているとわたしは考えています。

2

時間目

株式投資とは経営に参画すること

投資部に入部した孝史は、初めての株式投資を行います。
その会社の名前はゲーキチ（作品内の架空企業）。
株式投資のど素人である孝史は、ゲーキチのユーザーを尊重したゲーム運営に注目。
自分がプレイしていて快適な会社＝伸びる会社とし、株を購入しますが……。

1巻 credit.3「Z、起動せよ！」より

日本人は応援が大好き！

株を買うときの目安になる「企業の情報」。誰もがインターネットにアクセスできるようになった現在、情報を入手するハードルは極めて低くなった――と先ほど述べました。

では、株を選ぶときに役立つ情報とはどんなものでしょう？

日本だけに限っても、上場企業は膨大にあり、すべての情報を集めようとしても限界があります。そして、投資のプロであっても、企業の将来性を予見するのは難しいといわれています。どれだけ情報を集めても、経済や社会には一定の不確定要因がありますし、企業も人間の集合体です。どこかでミスをおかすこともあります。

何を目安に企業を選べばいいのか。**きっかけとしてわたしが提案したいのは「応援したいかどうか」という物差しです。**人に勧められたからでも、儲かりそうだからでもなく、応援したい企業の株を買う。株式投資の最初の一歩を踏み出す際に、ぜひ取り入れて欲しい考え方です。

エンターテインメントやスポーツをイメージするとわかりやすいと思います。アイドルやJリーグ、あるいは夏の高校野球全国大会、オリンピック。なんでも同じですが、特定の人、チームを「応援」するからこそ、コンテンツに深く入っていける、仕組みや分野に詳しくなった――こんな体験をしたことがある方は多いのではないでしょうか。

しかも、日本人は「応援大国」とも呼べるぐらい、応援が大好きな国民性を持っています。音楽アーティストのファンクラブが、これほど大規模かつ緻密《ちみつ》に整備されている国は日本だけです。もちろん日本人全員が応援好きというわけではないでしょうが、これだけ熱量を持って自分以外の人のことを考え、お金と時間を使うことのできる人間には投資の素養《そよう》があります。

応援したい企業を探すのは、難しいことではありません。

いま、あなたはどんな場所でこの本を読んでいますか？　自宅でしょうか、電車の中でしょうか。書店でしょうか。パッと本から顔を上げ、周りを360度見回してみてください。あなたの周りには、なんらかの製品やサービスが必ずあるはずです。お気に入りの製品やサービスを見つけたら、それを開発・提供している企業のファンクラブに入るつもりで、株式投資をしてみればいいのです。企業の成長の一翼《いちよく》を担うことができるのも株式投資の醍醐味《だいごみ》です。

ところで株を買って投資をすることは、応援である一方、企業の経営に参加することでもあります。

先ほど、企業が株式を発行することは、新たなビジネスを始めるための資金調達であると書きました。お金を出す代わりにあなたが手に入れるもの、それが経営権です。繰り返しになりますが、株式会社は、会社の権利をたくさんの株式という形に分割して売っています。たとえ1株でも株式を購入すれば、その瞬間から、あなたは会社のオーナーの1人になります。

この考え方を突き詰めていくと、トヨタやグーグルのような世界的な大企業の経営権も「買える」ことになります。このような大企業で働いていなくても、応援したいという意思があるだけで、誰もが経営に参加できる。それが投資という世界です。

お金のために仕事をしないために

たとえば、あなたが働いている会社はどんな業績でしょうか？　あるいは業種を取り巻く環境はどうでしょうか？　今の日本経済をみると、必ずしも右肩上がりの企業や業界ばかりではないと思います。バブル以降、正規雇用者の平均年収は上がってはいませんし、非正規雇用者の水準は低いままです。年功序列モデルは崩壊しており、長く働けばその分給料が上がるという保証はすでにありません。

それでも、そんなことは全部折り込み済みで、今いる業界・企業での仕事を愛してやまない方はたくさんいます。言うまでもなく、仕事へのモチベーションは給料が高いか安いかだけでは測れません。斜陽産業だとしても、「やっぱりこの仕事が好きだ」と頑張っている人は大勢います。一般的に賃金が低いとされる業界でも、「この仕事を続けたい。自分がやらなきゃ」という一心で頑張っている方もいます。

たまたま自分のしたい仕事のお給料が低かった。そんなとき、収入を補填《ほてん》する手段として、別の会社のオーナーの1人になるというのは、少し愉快で、資本主義の自由さと株式投資の面白さをあらわしていると思います。

自分は自分の好きな仕事で頑張る。応援する企業は企業で頑張る。そして、彼らが成長すれば、自分にも恩恵《おんけい》が回ってくる。投資とは、こういう見方もできるのです。

3時間目

年「3%増」では満足できない？

投資部の先輩たちが築きあげてきた資産は3000億円。これを年8%の利回りで運用し、毎年240億円の利益をあげて、「学費無料」を維持するのが、投資部の目標です。

最初に孝史に与えられた資金は100億円。この元本《がんぽん》の10%となる10億円からの投資が基本だと言われますが、ちまちまやるのはめんどくさいと感じた孝史はそれを無視し、いきなり30億円を1社につぎ込みます。

1巻 credit.3「Z、起動せよ！」より

年3%増でも、20年後に資産は1・8倍になる

さきほど、銀行の定期預金金利が、年8%だった時代があったとお話ししました。10万円を預けたら、10年で倍の20万円になる金利です。

投資の世界で「年間の投資実績がプラス8%」という数字がどのぐらいの価値を持つかというと、「あり得ないぐらい、優秀」となります。証券会社のプロですら、株式で年間8%の利益をあげることはそう簡単ではありません。

個人投資家の方が目指す現実的な目標としては、年3%程度が現実的ではないでしょうか。

「えー、1年間に3%しか増えない？　スケールが小さくありませんか」

がっかりする方もいるかもしれませんが、もしかすると、あなたは少し勘違いをされているかもしれません。金融の世界には「単利」と「複利」という考え方があるからです。

ひとつ、クイズを出してもいいでしょうか。

10万円を年3%の金利で、20年間預け続けたとします。10万円は幾らになりますか？

10万円の3%は3000円。だから、毎年3000円ずつ増えて、これを20回足すから

20年後は16万円でしょうか。

こう考えた方は残念ながら不正解です。これは「単利」の考え方。資産運用では「複利」で計算をします。

10万円の元手を複利で計算すると、どうなるか。

まず1年後は10万3000円で、ここまでの数字に違いはありません。変化が出てくるのは2年後からです。3％増えた元本そのものに、3％の金利がかかることになります。10万3000円×103％で、2年後の資産は10万6090円になります。

これを20年続けると、18万611円。単利で足すのと違って2万611円多くなっています。さらに長く続けると、この差はより鮮明になります。

複利効果で年3％という数字は、決して侮《あなど》ってはいけない数字なのです。「はじめに」でお話ししたロナルド・リードさんが、少額のコツコツ投資で大きな財産を築くことができたのも、ここに秘密があります。

フランスの経済学者であるトマ・ピケティが書き、世界的ベストセラーになった『21世紀の資本』という本があります。文中でピケティは、いま世界で広がっている極端な経済的格差は大きな問題であり、なんとかして食い止めなければならないと訴える一方、投資が持っている強力なパワーを、長期的な統計データをもとに明らかにしています。彼の主張は端的に言うなら、

「賃金が増えるスピードよりも、金融資産（株式など）が増えるスピードの方が速かった」

というもの。長期に及ぶ投資のリターンがいかに強大なものかを表した分析結果だといえるでしょう。

このようなことから、投資は2年、3年で結果を求めるのではなく、長期的なスパンで考えてこそ本当の価値が見えてくるものだと言えます。

しかし、投資をはじめるとある誘惑に襲われます。

「株で一発大儲け！」

あたかも株で一発逆転ができてしまうかのような言い方ですが、この手の広告や誘い文句は、市場に溢れています。結果的にいつも損をするのは経験の浅い個人投資家です。できるだけ無視するのが身のためでしょう。

株式投資で個人投資家が損をしてしまうのには理由があります。損をする個人投資家は

株式市場にある2つの資金の特徴を理解していません。2つの資金とは「実需《じつじゅ》資金」と「投《と》機《き》資金」です。短期的な株価の上げ下げは「投機資金」が引き起こしています。あたかもカジノゲームに興じるように短期的な売買を繰り返す「投機資金」の世界は生き馬《うま》の目《め》を抜《ぬ》くような弱肉強食の世界です。ババ抜きのババを誰かにつかませるまで、株価の上げ下げゲームが行われます。このような状況で生き残るのは至難《しなん》の業《わざ》で、10人に9人は、市場を退場させられるといいます。お金をドブに捨ててもかまわないなら止めませんが、もっと安全にお金を増やす方法はいくらでもあります。

そして、さきほどお話しした「投資は応援」というスタンスとは、まるで違ったものです。

腰を据えて、「これだ」と納得できる株式と付き合い続ける。

これこそ、株式投資の極意です。

4 時間目

リスクをとらないこともまた、リスクである

就活生の浩子は、大手メーカーの内定を目前としながら、DMM株式会社に興味を持ちます。アポなしで会社訪問をした浩子を迎えてくれたのは、なんと会社のトップである亀山会長。亀山氏は浩子に、リスクをとらないことのリスクを説きます。

9巻 credit.79「大海を征服した男」より

特に将来自分たちを脅《おびや》かすであろう事業には積極的に投資している
すべての事業には寿命があるから未来のためのリスクを取り続ける

日本に生まれたら人生安泰!?

「投資」への漠然とした不安を取り除くべく進めてきた本章も最後になりました。投資の基礎の基礎として、こんな考え方も覚えておいて欲しいと思います。それは、

「何もしないことがリスク」

ということです。

本書の「はじめに」で、銀行に預けていてもお金は増えないとお伝えしました。これを聞いて「増えなくても減らないならいいや」と考えている方がいるかもしれませんが、このまま何もせず銀行に預け続けた場合、あなたの資産は減る可能性があります。

これには、いまあなたの生きている日本が10年後、20年後にどういう状況にあるかが関わってきます。ここではあえて悲観的なことをいいますが、みなさんは「沈んでいる国にいる」という自覚を持っていらっしゃるでしょうか。

経済における「リスク」には様々な種類があります。リーマンショックなど金融市場の影響を受ける「マーケットリスク」、病気やリストラなどで自分が働けなくなる「自己リス

ク」——いまからお話しするのは、「カントリーリスク」と呼ばれるものです。これは日本に住んでいる限り、日本のパスポートを持っている限り避けては通れないリスクです。絶対に起きて欲しくはありませんが、まずは戦争がそうでしょう。日本ではかなり可能性が低いとは思いますが、クーデターなどの政変によって国自体が変わってしまうこともあります。

いまの日本の場合もっと現実的なのは、日本政府が日本国民に成り代わってしている100兆円を超える借金の問題です。これがいまよりも膨らみ、「返せません」なんてことになってしまったら大変です。債務《さいむ》不履行《ふりこう》という状況になり、未曾有《みぞう》の大恐慌《だいきょうこう》が起こります。

また、悲しい現実ですが、**1997年以降、世界の先進7か国「G7」で唯一賃金が下がり続けたのは日本だけです。**日本と同じ借金大国のイタリアですら、賃金は上がっている。

そんなか、日本の中央銀行（日本銀行）はお金を大量に発行して、一生懸命自国の通貨を弱くしよう弱くしようと頑張っています。むろん、この背景には幾つかの狙いがあります。

メディアでよくいわれる「円安になると、海外にものが安く売れる。輸出関連が潤《うるお》う」だけではありません。まずは物価を上げたいという意図がありますし、株価を上げたい考えもあるでしょう。あまりいわれないことですが、日本はアメリカ国債を大量に保有していますます。円が安くなると海外にある資産価値は増大しますから、資産価値を値上げしたい狙いもあります。

しかし、これをやり過ぎるとどうなるか。

度を超えて通貨が安くなってしまった場合、海外から見て「単なる安い国」になってしまう危険性があります。自国通貨が安くなり過ぎると、輸入でなりたっている資源や生活必需品の値段は跳ね上がります。さらに、企業もふくめたいろんなものが外国企業に買収されてしまいます。外資系企業の存在自体はもちろん悪いことではありませんが、度を超えて買われてしまうようになっては問題です。なぜなら、日本であげた収益が海外に大量流出してしまうからです。

そんなカントリーリスクに日々さらされているみなさんのほとんどは、お給料を日本円でもらっていると思います。

先述のような状況の中で、**たとえば10年後、いまもらっている20万円と、そのときの20万円が同じ価値であると言い切れるでしょうか？** いまお話ししたように、円は安くなるかもしれませんから、１００％の保証はありません。もしかしたら、いまもらっている20万円は10万円になっているかもしれないのです。

こういう状況で、稼いだお金をすべて円で持っていてもいいのでしょうか。

わたしは、一部を株式や外貨にしておくことをおすすめします。

日本にはリスクがある。じゃあ、海外に住もう。海外企業で働こう。こう考えたところで、実行に移すのは困難です。しかし、投資は自分の身体を動かさずに、海外に「行く」ことだってできます。外国株を買うのはもちろん、株式以外にも手段を広げれば、円ではなく、米ドルで貯金をすることもできます。日本にいながらにして、海外にも軸足を置くことができるのです。

実際に、日本の一部の大手商社の海外駐在員は、給料を円でもらうのか、海外通貨でもらうのか、あるいは、そのミックスなのか、選ぶことができます。現地生活を送るうえでの利便性はもちろんですが、そうやって自然に相場観を養っているのでしょう。見習う価値のある慣習だと思います。

世界情勢や経済は、常に時々刻々と変わっていきます。そこで生きるわたしたちも、変化し続けなければいけません。

第2章
投資はこんなに「単純」だ

5時間目

自分の感覚を信じ、好きな株を買う

知識不足を不安に思いつつも、キャプテンの圭介に半ば強制され一切の勉強をすることなく投資をはじめた孝史。

初取引の翌日、最初に30億円を投資した企業の株価が10・1％も上昇します。

圭介はあらためて、投資をはじめるのに勉強な知識は必要ないと説きます。

1巻 credit.7「天才出現？」より

ホラ見ろ……
投資の勉強なんかしなくてもうまいこといっただろ

「ポケモンGO」のヒットで儲かったのはどこ？

2時間目で「投資は応援」というお話をし、「身近な会社への投資から始めてみよう」とお伝えしました。

一見初心者向けに思えるこの方法ですが、名だたる大物投資家も実践している、有効な戦術です。さきほど出てきたウォーレン・バフェットもその1人。彼はコカ・コーラの大株主であり、いまだに1日4本のコカ・コーラを飲むコカ・コーラ愛飲家でもあります。

バフェットが率先して行っている通り、投資の世界にはこんな言葉が定着しています。

「投資を始めるにあたっては、まずは身近な銘柄《めいがら》から始めよ」

「遠くのもの（自分と縁が薄いもの）を避けよ」

「乗りやすい馬（勝手がわかるもの）を選べ」

投資の上級者は、投資を判断する時に、企業の財務分析や株価の中身を吟味する専門知識を駆使しますが、はじめたばかりの方はそうはいきません。

慣れない専門知識に振り回されるよりは、自分にとってなじみのあるフィールドに寄せて考える方が有利です。

なんとなくの知識をつけるぐらいならむしろ、消費者としての感度の高さを養い、流行の一歩先を考えるクセをつけることをおすすめします。

世界的大ヒットを飛ばした位置情報ゲームアプリ、「ポケモンGO」を例に考えてみましょう。このゲームがヒットしたことで利益を得たのは、開発メーカーのナイアンティック・ポケモン・任天堂であることは間違いありません。

ただ、経済効果はそれだけにとどまりませんでした。長時間外でプレイするための、スマートフォンのバッテリーが売れました。長時間を歩き続けるための、スニーカーやコンフォートシューズが売れました。これらの現象は、ユーザーにとって「何をいまさら」かもしれませんが、プロの投資家であっても、このような状況を知らない人は数多くいます。実際に流行にのっている人、あるいはのっている人の周囲にいる人にしか得られない情報が、たくさんあります。

他にも例を挙げてみましょう。

都市部の商業施設で、勢いのあるメガネショップといえばＪＩＮＳです。ここ数年で爆発的に店舗数を拡大しました。

ＪＩＮＳのメガネはなぜ売れるのでしょうか。ヒット商品を分析すると、その理由がよくわかります。特殊なレンズで長時間パソコンを眺める人の疲れを軽減する「ＰＣメガネ」、独自の形状で花粉の入り込みを防ぐ「花粉対策メガネ」。

これらの商品は、普段メガネをしない人たちに向けてつくられています。視力が弱い人はいつの時代も一定数いますが、そこはすでに各社が激しい競争を繰り広げる場所。安さとデザインのよさで勝負することもできるかもしれませんが、ライバル達も強力なため、大きくシェアを伸ばすことは容易ではありません。そこへ切りこむのではなく、メガネ市場の外側に出て新規ユーザーを開拓していったのがＪＩＮＳのやり方。今までメガネを使っていなかった人に視力補強以外の付加価値を提供し、新しい市場をつくりだした結果の大成功でした。

続いてもう1社。ご存じの方も多いと思いますが、イギリスにダイソンという家電メーカーがあります。斬新な掃除機で世界的ヒットを飛ばしたあと、この企業はユニークな空調家電を発売しました。丸型で、中心にドーナツのような穴が空いた、羽根のない扇風機《せんぷうき》です。それまで扇風機といえば、どのメーカーも同じ形状をしていて、価格も似たり寄ったりでしたが、彼らはガラリと形を変えることで、高くても売れる扇風機を発明しました。以降、「ニューウェーブ扇風機」とでも呼ぶべき新しい市場が生まれました。

モノであふれた現代。ゼロから、まったくの新しい商品をつくりだすことは難しくなってきていますが、これらの事例をみると、発想を転換して新しい市場を生むことは決して不可能ではないことがわかります。

彼らのように、市場の外側に挑戦しようとする企業を注視すると急成長する企業に出会うことがあります。

また、こうして、いち消費者の視点から「企業のビジネスモデルを分析し、理解する」ことで、投資先の実力を知る、戦い方を知ることにもつながります。

投資家なら当然と言いたいところですが、投資のプロでも、この基本を忘れてしまうことがあります。

それは、「バブル」と呼ばれる熱狂状態で起きてしまいます。

たとえば、2001年に弾けた、日本の「ITバブル」は象徴的です。ITベンチャーが次々と設立された1990年代の終わりから、インターネット関連企業の株価は急上昇しました。まだこのころは「IT」なる新たな業態が、具体的にどんなビジネスを指しているのか。また、インターネットによって社会がどう変わっていくのかを理解している人は決して多くはありませんでした。

そのため、先進的な技術を抱えているわけでもないIT企業の株価までもが上がる事態となり、膨らみすぎたバブルは弾けました。分析を怠《おこた》り、実力以上の評価をつけてしまった投資家たちは手痛いしっぺ返しを受けました。

ITの本場アメリカも、ほぼ同時期、狂乱の状態にありました。AOLというIT企業は、自社の純利益に対して700倍にまで株価がふくらみました。それだけ周囲の期待が高かったから、とも言えますが、実力の700倍は過大評価と言わざるを得ません。**多くの投資家が、AOLがどんなビジネスで利益を出しているのかを理解もせずに、「AOLがすごいらしい」という根拠のない期待から株を買い続けた結果、アメリカのITバブルは崩壊。**損失を被った投資家は少なくありませんでした。

何度も痛い目を見ながらも、株式市場でバブルは起き続けてきました。また、これからも起きるでしょう。周りが熱狂しているときこそ、立ち止まって冷静に分析すること。これは、投資家にとって非常に重要な姿勢です。

6時間目

感情のない、ロボットになれ！

上がり続けるゲーキチ株を「まだまだ上がる。ゲーキチを応援したいから
まだ手放したくない」と言ってい保有し続ける孝史。そんな孝史に対し圭介は、
自分を信じず、自らの感情を捨て、法則を最優先に行動する大切さを教えます。

2巻 credit.8「真昼の迷宮」より

「まだ上がる……！」と思い始めたら危ない

「感情なんて捨ててしまえ！　ロボットになるんだ」

こんなことを言われたら、あなたはどう感じるでしょうか。

頭に来る人もいるかもしれません。喜怒哀楽こそ人間が人間であるゆえんであり、喜怒哀楽という感情があるからこそ、映画や音楽などの文化が生まれてきました。恋愛だって、感情なしには成立し得ない代物でしょう。ロボットになれなどと言われたら、人間の尊厳を失ってしまうような気持ちになります。

しかし、投資の世界は別です。感情に囚《とら》われたがために、手痛い損失を被るケースが多々あります。そんなことになるぐらいなら、感情なんて捨ててしまえばいい——。むろん、ロボットになるのは投資をする間だけで構いません。終わったら思う存分——喜怒哀楽を楽しんでいただければと思います。

感情を排して投資を行うことができれば、持っている株の値段が変化したとき、躊躇《ちゅうちょ》なく売ることができます。この「躊躇なく」がとても大切なのです。

値上がりを期待して1000円で買った株があるとします。ある日、予想に反して950円に値下がりをしました。5％の下落です。

最初は、誰しもがこう思います。

「えっ、たった5％下がっただけで売らなきゃいけないの？　またすぐに元に戻るかもしれないのに、なんてもったいない」

もったいない——こんな言葉が頭をよぎったとしたら、これこそ「罠」です。『インベスターZ』でも、孝史が投資部主将の圭介からキツく言われたのは、「5％下がったら売れ。法則を自分の上位に置き、感情をなくせ」というルールでした。

このルールに則《のっと》れば、株価が5％下がった時点で、売りを実行しなければなりません。株価が下落しているときに株式を売却することを「損切り」と言います。

簡単なことのように思えますでしょうか？　でも、これがなかなかできません。

人間が、感情に囚われてしまう生き物だからです。もったいない。悔しい。あるいは、自分が信じて買った株価の下落を認めるのがつらい。実に様々な感情が入り混じって、決断ができなくなってしまいます。

逆の場合はどうでしょうか。1000円の株が10％分急に上昇して、1100円になったとします。

「いやー、10％上がったらまだ上がるかもしれないし、取り敢えず持っておきます」

こう思ってしまう方がほとんどではないでしょうか。

これも、投資の鉄則に反した判断です。まだいける。もっと大きく稼げる……損をして売りの判断ができないときの感情と、大差はありません。20％上がるかも、いやもっと——と考えているうちに株価は下落するかもしれません。そうなったら、元も子もありません。こういった感情に支配されてしまった人が、バブルのときに莫大な損失を被ってしまったりします。バブル状況下では、多くの投資家が「もっと上がるかも」という誘惑に駆られているため、適切なタイミングで売り抜くことができないのです。

ロボットになりきり、10％上がった時点で迷いなく売る。ここではある意味、「考えない」ことが重要です。こうして、株価が上昇しているときに株式を売却することを、「利食い」と言います。

投資の暗黒面に堕ちないために

ところで、なぜ損切りは5％で利食いは10％なのでしょうか。

これには、極めて合理的な理由があります。

どんな優良株であっても、上がるか下がるかは誰にもわかりません。常にどちらに転ぶかわからない状況で進んでいきます。こればかりはどんなに訓練を積んでもどうにもなりません。

ただし、自らにルールを課すことで、ある程度のコントロールができるようになります。損切りと利食いに明確な数値基準を設定することがまさにそうです。

仮にあなたが10万円分の株を持っていたとして、その株の売り買いを10回繰り返したとしましょう。

5％で損切り実行なら、「5％×5回で損失は25％」。10％で利食い実行なら、「10％×5回で利益は50％」になり、実に25％もの違いが出てきます。

投資の世界で「損小利大」と呼ばれる鉄則で、これを積み重ねていくことが大切です。

投資の上級者は、どちらも巧みに実践します。

損切りは、自らの失敗を認めることにもなりますが、将来利益をあげるために必要なコストです。要するに、失敗をムダにしないということですね。

また、利食いによる利益確定は、何にも勝る成果です。もちろん、上がったからといってすぐ売らずに10%よりも20%、30%上がった方が成果は大きい。しかし、売却して利益を確定させない限り、それはただの皮算用でしかありません。

10%上がった段階で、利食いを実行し、次の投資へと備えるのが賢明な判断でしょう。いったん利益を確定させると、人は冷静な判断ができるようになります。

投資家としての振る舞いは、映画「スター・ウォーズ」シリーズで活躍するジェダイの騎士に通ずる面があるかもしれません。ジェダイの騎士はフォースという強大な力を利用しますが、これの使い方を誤ると「暗黒面」に堕ちてしまいます。そうならないために、師匠は弟子たちにこう説きます。

「物事に執着するな。執着すると、喪失への不安が生まれる。不安はやがて怒りにつながり、暗黒面へとつながっていく」

物事に執着しないために、彼らは私有財産をNGとし、恋愛もしません。むろん、みなさんはジェダイの騎士ではないので、私有財産や恋愛もOKですが、投資家として成長するためには、喪失の不安からは自由であって欲しいと思います。そのためには、ルールに忠実に振る舞うことが肝心なのです。

7
時間目

「何もしない」のも、投資

株価の大幅下落を予測した圭介の指示で、保有株を売りに売りまくる投資部の面々。しかし孝史は、「自分だけが、みんながわかっていない市場の動きを把握している」と勘違いし、独断で「買い」に転じようとします。その晩、神代の予想通りニューヨーク株式市場が暴落。部員の誰もが孝史の暴走による大損失を予測しますが、孝史はギリギリのところで踏みとどまっていたのでした。

14巻 credit.116「オバケの一喝」より

あああっ ヤバかったあ……

市場の中心には誰もいない

先ほども触れた通り、株価が上がるか下がるかは、それぞれ50%ずつの確率です。結果を100%正確に予見できる人はいません。

つまり、株式市場は「あなたを中心には回っていない」と表現することができます。

スパイ映画『007/カジノ・ロワイヤル』(監督 マーティン・キャンベル、2006年)でも、象徴的なシーンがあります。巨額の資金が動くポーカーゲームのシーンで、物語のクライマックス。主人公ジェームズ・ボンドが追う敵は、手元のカードを眺めて自信満々の笑みを浮かべます。彼は数学の天才で悪の投資家でもあるのですが、手札を見て、勝ちを確信しています。

「自分より上がいるわけがない……」

しかし、ゲームは自分の思い通りにいきません。このゲームで彼より上の「手」を揃《そろ》えている人物がいました。あえなく彼は敗北を喫するわけです。

株式市場に参加するプレイヤーは数人ではありません。ポーカーとは比べものにならない数の人々が、それぞれの判断で動きます。そんな中、何が株式市場を動かしているかといえば、それは投資家たちの「欲望」です。膨大な数の欲望がからみあって、大きな流れを作り出しており、どれだけ頭のいい人間でも次の流れを予測するのは不可能です。株式市場は、大海のように広く、底が知れません。

どんなにパワーのある船を持っていても、海流の流れを変えることができないように、個人がどれだけ抵抗したところで、株式市場の流れを変えることもできません。市場の流れは、政治や金融政策の変化、企業の大不祥事、紛争——実に様々なことで動きます。どれも、投資家個人がどうこうできることではありませんが、だからこそ、常にアンテナを張り巡らせておく必要があります。

そんななか、自分の持っている株が厳しい局面に陥ったときはどうするべきでしょうか。たとえば、自動車関連の株を持っていたとして、業界を揺るがすような大不祥事が起きたとします。株価は急激な下落を見せるかもしれません。

まずは、先にお話しした「損切り」を実行すること。大急落の局面で5%の損切りで済ませるのは簡単なことではありませんが、とにかくやるしかありません。

その上でどうすればいいのか。「時を待つ」。これに限ります。

何もせず、投資することを休みましょう。「それでいいのですか」という声が聞こえてきそうですが、20世紀前半のアメリカ・ウォール街で「グレート・ベア」の異名をとった投資家ジェシー・リバモアの言葉に、このようなものがあります。

「よいアイデアが相場（市場）で大きな利益をあげる秘訣ではない。もっとも重要なのは、絶好な時が来るまで静かに座っていることだ」

そう、伝説の投資家も「何もせず機を待つことが大事だ」と言っているのです。

誰にも文句を言われず「休む」ことができるのは、個人投資家だけの特権です。

たとえば、顧客から資産を預かっているプロの投資家が「調子が悪いので、しばらく投資をやめます」などと言えるでしょうか。証券会社の営業マンが「相場の流れがイマイチなんでお休みします」と言えるでしょうか？

そんなことできません。彼らは売買を行うことで生計を立てていますので、流れが悪いときでも悪いなりに売買をせざるを得ません。

しかし、個人投資家は違います。自分のお金だけを運用しているので、何年お休みしても誰にも迷惑をかけません。休んでいる間にいい流れがきたら、投資を再開すればいいのです。個人投資家は、プロが持っていない「中断機能」を使うことができます。

「人間の欲には際限がないのだよ」

と言ったのは、大正から昭和初期にかけて活躍した山崎種二《やまざきたねじ》という投資家です。米相場で積極的な売買を行い、巨万の富を築いた人物ですが、彼は昭和初期に起きたクーデター「二・二六事件」で相場が大暴落したことで大損失を被りました。人生の大ピンチです。しかし彼は、すぐに損失を取り返そうとはしませんでした。市場が管理不能であることを察知し、タイミングがよいときだけ売買を行って、冷静に失った資産を回復していったのです。右の頰を張られたからといって、すぐ相手の左の頰を張り返すような真似はせずに、ぐっとこらえて冷静になって、失地回復《しっちかいふく》を行ったということです。のちに彼はこういう言葉を残しています。

「損して休むは上の上」

投資の選択肢には「買い」「売り」のみならず、「休み」があることを、覚えておいてください。

8

時間目

歴史は、何度でもくりかえす

投資部キャプテンの圭介は、直近の株価の動きと過去のデータを照らし合わせ、まもなく株価が「ドカン」と下がることを予測します。証券取引がはじまって以来１４０年もの間、コツコツ上がってはドカンと下がるを繰り返してきたという日本の株価。今回も歴史が繰り返されると踏んだ圭介は、部員全員に「売れ！」の大号令を出すのでした。

13巻 credit.113「コツコツドカン！」より

つまり……コツコツ上がってドカンと下がるコツコツ下がってドカンと上がる
コツコツドカーン
「天井三日《てんじょうみっか》底百日《そこひやくにち》」「登《のぼ》り百日《ひやくにち》下《さ》げ十日《とおか》」といった格言もある
日本の相場は約１４０年コツコツとドカンのくり返しなのだ！

「暗黒の木曜日」を切り抜けた投資家

先ほど、巨大で複雑な株式市場の未来を100%予測することはできないと書きましたが、実は、歴史上名高い金融大パニックを予測した投資家がいます。7時間目にも登場したジェシー・リバモア、アメリカの投資家です。

彼は1929年の「暗黒の木曜日」（ウォール街大暴落。ブラック・サーズデーとも呼ばれる）を予測し、巨額の利益を得ました。まず、暗黒の木曜日の中身から解説していきましょう。

この大事件が起きた当時のアメリカは、第一次大戦と第二次大戦の間。「永遠の繁栄」と呼ばれた時代で経済は絶好調を迎えていました。「狂騒の20年代」とも呼ばれた時代です。映画『華麗なるギャツビー』（監督 バズ・ラーマン、2013年）はこの時代を描いた作品ですが、富裕層は豪勢なパーティに夢中。投資家は多額の借金をしてでも株にお金を回し、銀行も融資（企業にお金を貸す）を差し置いて、株に多くの資金を投下していました。株式市場の株価は、1924年から5年間ずっと上がり続けていましたので、「まだ上がるぞ」「この流れはずっと続く」と誰もが確信してやみませんでした。

しかし、そんな狂騒は暗黒の木曜日をきっかけにドン底に突き落とされます。

木曜日に株価暴落が起きると、金曜、月曜、火曜と、破滅的な暴落劇が続きます。以降3年にわたって株価の下落は続き、ダウ工業平均と言われるアメリカの株式指標は89％も下落しました。（ちなみに100万円投資していると、11万円まで目減りする下落幅です）

多くの投資家が財産を失うなかで、ジェシー・リバモアは「空売り」と呼ばれるテクニックを駆使し、自らのお金を増やしていきます。空売りとはリスクが高く上級者向けのテクニックなので、ここでは説明は省きますが、株価が下がる局面で利益をあげられる手法です。暗黒の木曜日による下落幅は極めて大きく、空売りの効果も絶大でした。

なぜジェシー・リバモアは、「狂騒の20年代」の終わりを予見できたのか。そのヒントはこんな言葉のなかにあります。

「ウォール街に、あるいは株式投資・投機に新しいものは何もない。ここで過去に起こったことは、これからも幾度となく繰り返されるだろう。この繰り返しも、人間の本性が変わらないからだ」

人間の本質が変わらない以上、歴史は必ず繰り返すと看破《かんぱ》し、準備をしていたジェシー・

リバモア。繁栄を謳歌していた国家がドン底へと落ちる……これは、歴史上幾度となく繰り返されてきた出来事です。紀元前の地中海で最強だった古代ローマ帝国は、市民が「パンとサーカス」に夢中になったことで没落。その後、西と東のローマ帝国へと分裂しました。日本でも、空前《くうぜん》の権勢《けんせい》を謳歌《おうか》した平氏が権力を手にしたとたんに堕落。叩きのめしたはずの源氏に滅ぼされます。

人類が何度も経験してきたこの「盛者必衰《じょうしゃひっすい》」の理《ことわり》すら当時のアメリカ人の多くが忘れてしまっていたのです。

大きな危機が起きる際には、あとから冷静になって振り返ってみると、前兆のようなものが必ずあります。２００８年９月のリーマンショックを例にとるなら、最初の前兆は１年前のヨーロッパで起きています。２００７年８月、フランス最大手銀行ＢＮＰパリバ傘下のミューチュアル・ファンドが、投資家の解約申し込みを受けつけないという事態が起きました。その半年後、２００８年３月、アメリカの五大証券会社の一つベア・スターンズが倒産。それまでなら起こり得ないような事態が連続した最後に、リーマンショックがやってきました。突然来たように見える金融危機も、実は３つの段階を踏んでいたのです。

大恐慌が目の前まで来ているかもしれない

そう考えると、２０１５年以降に中国株式市場の暴落「チャイナショック」が起き、半年後に中東の原油価格が下がる「原油安」が起きたことは気がかりです。むろん、今後なにもないに越したことはないのですが、歴史に学ぶという観点から言えば、注意しておいていい状況です。

哲学や歴史を学んでおくことは投資家として成長するには必須と言っていいかもしれません。何よりも人間として豊かになります。

現役の大物投資家でジム・ロジャーズという人がいます。彼は哲学や歴史から先を見通す有名な人です。彼は顧客から資金を集めてクォンタム・ファンドというファンドを運用していました。そこであげた成績は驚異的で、なんと10年間で３０００％。実に30倍です。元手が10万円だとしたら３００万円にまで増えることになります。とてつもない投資家ですが、彼は１９８７年の株価大暴落「ブラックマンデー」、日本の「バブル崩壊」も予測したと言われています。

むろん、超能力があったわけでも、未来から来たわけでもなく、普段から歴史に学び、市場が異様な局面を迎えたときに適切な対応をとれたからこその結果です。

彼はコロコロと自分の投資スタイルを変えたといいます。ある株が「買い」だと言ったかと思えば、急に売ってみたりする。目先の状況に振り回されているわけではなく、細かい事象から未来を予測したうえで、緻密な修正を加え続けました。

人類・日本・各業界の歴史を学び、自分なりに未来を仮説立てできるようになれば、投資家としても成功をおさめることができるでしょう。

第3章

一般投資家が知るべき「プロ」の考え方

9時間目

世界の「これから」を想像する

投資部OBに連れられ、起業家たちが出資獲得を目指して集まる「ベンチャー村」へとやってきた孝史。そこには、あのホリエモンもいました。凡庸なプレゼンが続く中、京都大学の学生・中川が「不老不死をビジネスにしたい」という案を披露。荒唐無稽なそのアイデアに誰も興味を示さないなか、ホリエモンが1000万の出資を申し出ます。

8 巻 credit.67「わっ、ホリエモン!」より

世界で最初に石油が採掘されたのは、アメリカだった

前章では、歴史を振り返れば未来が見えてくるというお話をしました。では、歴史上に名を残した大富豪と呼ばれる人々は、どうやって財産を築いたのでしょうか。歴史をたどっていくと、ある共通項が見えてきます。

アメリカ史上もっとも資産を持った富豪は、19世紀末に活躍したジョン・ロックフェラーです。彼1人で24兆円もの資産を稼ぎ出し、彼に連なる「ロックフェラー一族」の総資産額は200兆円以上とも言われます。途方もない額の財を築き上げたジョン・ロックフェラー。彼が投資したもの、それは石油です。

いまや中東をはじめあらゆる場所で採掘《さいくつ》がなされる石油ですが、世界初の大規模な採掘がどこで行われたかをご存じですか。実はアメリカのペンシルベニアなのです。ロックフェラーは友人と起業し、ペンシルベニアで産業用石油の大規模採掘に成功しました。このプロジェクトは悪戦苦闘の連続で、成功するまで周囲から「できるわけがない」と嗤《わら》われることさえありました。しかし、ロックフェラーは苦難を乗り越え大きく成功。その後、

スタンダード石油（のちのエクソンモービル）を中心とした巨大企業群を築き上げました。石油の発見は、19世紀以降の産業革命で極めて大きな影響を与えました。動力機関が蒸気機関から内燃機関（自動車のエンジンなど）に移行したことで、人とモノの輸送にイノベーションが起きました。発電の大規模化は言うに及ばず、工場の生産能力も飛躍的に向上しました。工業化が一層促進されたことで、仕事を求めて都市に人が集まるようになり、人口が大幅に増加しました。労働者は消費者にもなるので、市場がさらに拡大します。

つまりは、資本主義の爆発がここに実現しました。

ロックフェラーは、この新たな時代の要《かなめ》となるエネルギーを手中におさめることで、経済成長の恩恵《おんけい》を一身に受けたのでした。

アメリカ史上第2位の富豪は、ジョン・ロックフェラーと同時代のアメリカで活躍したコーネリアス・ヴァンダービルトです。彼だけで総資産は17兆円。鉄道・海運業で財をなしています。第3位は不動産と毛皮業で財をなしたジョン・ジェイコブ・アスターで14兆円。4位のスティーブン・ジラードは海運業で10兆円です。

こうして並べると、産業革命以降の経済成長に乗った人ばかりです。

「あれ、ITの富豪はどこにいったんだろう」

そう思われる方もいるでしょう。スティーブ・ジョブズとともにIT・コンピューター産業を牽引したカリスマ、ビル・ゲイツ（マイクロソフト社の創業者）が9兆5000億円で第5位に入ってきます。

ビル・ゲイツをもってしてもトップをとれないのですから、いかに1～4位の人物の稼いだ資産が大きかったのかがわかります。それだけ、19世紀から20世紀にかけての産業革命のインパクトは激烈だったということですが、ジョン・ロックフェラーからビル・ゲイツまでに共通するのは、資本を「インフラ」に投下して莫大な収益をあげたということです。インフラとは、社会を支える基盤です。石油、鉄道、そしてIT。どれも高度文明社会にとって、なくてはならないもので、仕事や暮らしの根幹にあるもの。人間の生活を豊かにする技術革新には、大量のお金が流れ込み富が築かれます。

日本は「超高齢化」&「人口減」先進国

では、次の時代の「インフラ」とは何でしょうか。

「石油やITに代わるものなんて、そうそうないでしょ。もう投資の機会なんて残されていないんじゃないか」

こういう意見もあると思います。

確かに、何もなかった土地に大工場ができる。馬に乗っていた人が自動車を運転する。原っぱに線路が走って大量の荷物を運べるようになる。

成熟した現代社会を見渡すと、こういった人々の生活を根本から変えてしまうようなイノベーションの余地は、もう残されていないようにも思えます。

しかし、ここで成長は打ち止めかといえば、わたしはそうではないと感じます。なぜなら、イノベーションはまだ続いているからです。

イノベーション、言い換えるなら、これまで人の手が及ばなかった領域で技術革新が起きる——ということです。そう考えれば、未踏の領域はまだ残されています。

たとえばロボット。あるいは人の知的活動を代替するAI。宇宙への進出は、今後長い時間をかけてイノベーションが起きる分野でしょう。すでに世界各国で活発な投資が行われています。

なかでも日本は、ロボット技術の分野で世界のトップ集団に食らいついています。たとえば「ファナック」という企業は、ロボットアームに代表される産業用ロボットで世界シェアトップです。

また日本は、今後先進国・新興国が向き合っていかなければならない「超高齢化」「人口減」の問題に、世界に先駆けて直面しています。

短期的に見ると、厳しいことばかりです。

年金に介護、医療費などの社会コストは増大する一方、若い労働人口は減っている。国内需要が縮小する懸念も取りざたされています。しかし、「ピンチはチャンス」という言葉もあります。

介護ロボットの開発や、医療費を抑える予防医学の研究について、日本ほど強い当事者意識を持って取り組んでいる国はないでしょう。

新しい技術、ビジネスを生み出すキッカケは、常に課題に直面したときです。背負った課題を乗り越える技術を生み出せたとき、日本は世界に先駆けて新たなビジネスを提供するチャンスを得ることができるはずです。

日本が次に世界をリードするのは、これらの課題をクリアする技術、ビジネスモデルではないでしょうか。

投資の芽は、そこにあります。

10時間目

誰も見ていないものを見る

他人に勧められた株以外を買っていない孝史に対し、良い株など探さず、誰も買っていないボロ株を見ろという圭介。そこには、アメリカのゴールドラッシュの歴史に裏打ちされた確かな投資の原則がありました。

2巻 credit.16「boy meets girl」より

現代の「デニム」を探す

先述の通り、近現代の大富豪はインフラに投資をしました。

それを形だけマネして、インフラ関係の株をたくさん買えばいいのかというと、そう簡単にはいきません。

なぜなら、インフラ企業の株はすでに社会的に認知され高い価格になっているものがほとんどだからです。もちろん、その企業が今後も大きく成長を続けるのであれば買って損はありませんが、もうすでに成長期を過ぎていることがほとんどです。

では、どうすればよいのか。『インベスターZ』で圭介が孝史に投げかけた言葉がヒントになります。

「金《きん》を掘りに行くのでは、儲からない」

アメリカの西部開拓時代、金が発見され、国中が大騒ぎになりました。掘ればお金が出てくるわけですから、誰もが熱狂するのも無理はありません。「ゴールドラッシュ」です。

アメリカ国民は期待に胸を膨らませて全土から金鉱に押し寄せましたが、スコップを持って金を掘りに行った人の多くは、重労働で疲弊しただけで終わってしまいました。なぜなら、金を見つけることはそう簡単ではなく、また、仮に金が出ても、鉱山を押さえていた資本家に取り分を持っていかれる――そう甘いものではなかったからです。

一方、同時代を生き、多くのお金を稼いだ人たちもいました。興味深いのは、彼らが金採掘に1ミリもタッチしていないでお金を稼いだ点です。

なぜ、そんなことができたのでしょうか。

金採掘には何が必要だったか。それはスコップです。あるいは汚れに強く、丈夫な作業着です。金を掘りに行かずともこれらを販売した人たちが、大成功を収めました。中でも作業着を売った会社は、その後世界的なファッションメーカーへと成長しました。

そう、ジーンズメーカーの「リーバイス」です。破れにくく、汚れてもそれが労働者の勲章になる――そんなデニムパンツは、もともと鉱山労働者の作業着でした。金採掘の必需品を売ることで、リーバイスは世界的な企業に上り詰めたのです。

このエピソードが物語るのは、

「人の見ていないものを見よ」

ということです。

たとえば、投資の世界には「ボロ株」という言い方があります。会社にお金がない。業界自体が斜陽である。ビジネスで失敗が続いている——様々な理由で、株価がボロボロに安くなってしまっている銘柄を指してこう呼びます。

「いやー、あの会社はダメでしょう」

と誰もが匙《さじ》を投げている状態ですが、本当にそう言い切れるのでしょうか。日本には、ドン底からV字回復をなしとげた会社が数多くあります。持っている技術を別の分野で活かすことで回復を遂げたケースもありますし、隠れていたニーズを掘り起こして大復活した実例もあります。

これは上場企業の例ではありませんが、日本のある町工場の方が画期的なノズルを開発しました。DG TAKANOという会社です。彼らが作ったのは、蛇口につけるだけで、水の勢いを維持したまま9割もの節水ができる製品でした。ただし、素晴らしい商品ではありましたが、小さな会社で営業力がなく、まったく売れませんでした。多額の開発費が会計を圧迫し、倒産寸前にまで追い詰められていました。

そんな中、製品を使ってくれたある居酒屋さんの水道代が半額以下となった事例が口コミで広まり大ヒット！　会社は、目の覚めるようなV字回復を果たしました。

同じことがボロ株といわれる上場企業でもあり得るかもしれません。現在ヒットしている製品・サービスのなかには、当初「人が必要としているかどうか」なんてわからない状況で開発・発売されたものも少なくありません。そう、開発者が「好き」「やってみたい」だけで形になったものもあります。

世界のSNSサービスでトップを走る「フェイスブック」も、その一つでしょう。映画『ソーシャル・ネットワーク』（監督 デヴィッド・フィンチャー、2010年）を観るとよくわかります。マーク・ザッカーバーグは、最初から「世界のコミュニケーションを一変させる」と考えていたのではありません。ハーバード大学の男子学生のためのコミュニティーサイトを作る——高尚《こうしょう》な動機ではありませんが、革新的なサービスは何が出発点になるかわかったものではないというのがよくわかります。

みんなが「いい」と言っているものを買うことはカンタンです。それを「金を掘りに行くのでは、儲からない」にしないためには、自分のなかで「いい／悪い（面白い／つまらない）」の判断基準を持っておかなければなりません。

実は、普段の生活の中に、このセンスを鍛えるヒントがあります。

「食べログ断ち」で、嗅覚を鍛える

食事や映画、旅行。あるいは本、洋服を買うとき、あなたは何を決め手にしていますか？

ネット社会のいま、ウェブサイトのレコメンド機能やユーザーの口コミを判断材料にしている人は多いのではないでしょうか。食べログなら、採点で3・50以上でないとダメ——なんて「定説」もあります。確かに、食べログの採点が高いお店に「ハズレ」は少ないかもしれません。

ただ、点数が3・50未満のお店で、おいしいお店——いや、決して一般ウケはしないかもしれないけれど、自分にとって5・0のお店というのもあるはずです。映画もそうです。ハリウッドの大作映画でアカデミー受賞作、映画批評家の多くが話題にする作品もありますが、ミニシアターの単館上映からヒットし、その後ロングラン上映を果たす映画もあります。2013年の映画『はじまりのうた』（監督 ジョン・カーニー、2013年）などは良い例です。公開時は全米で5館だった上映館数が、口コミの拡散によって1300館まで伸びました。

そういう映画をみんなに先駆け、「これはいい作品だ」と判断できるかどうか。たとえば、人気のレストランではなく、穴場を発見できるかどうか。

このセンスを磨くために、あえて口コミサイトやカスタマーレビューを見ずにお店に飛び込む日をつくってみる。

わたしも実戦していますが、いいトレーニングになります。

勘を養うためには、失敗をすることも必要です。

11 時間目

JRのリニア開通で京急の株が上がる？

大手機械メーカーの選考を辞退し、株式会社DMMへの就職を決めた浩子。会長にも直接会い、企業の将来に可能性を感じたうえでの決断でしたが、同級生たちには「AVの会社でしょ？」、「大丈夫？」と言われてしまう。そんな中、後輩の沢松だけが浩子の選択に興味を持ち、話を聞きたいとやってきます。

9巻 credit.78「突撃必勝法」より

あのコたちに
一生懸命説明しても
絶対理解されない

その企業が何で儲けているかを知る

東京の電鉄系の企業といえば、どこが真っ先に頭に浮かぶでしょうか。

ＪＲ東日本という回答がもっとも多そうですが、東急《とうきゅう》電鉄、京王《けいおう》電鉄、東京メトロという方もいるでしょう。「京急《けいきゅう》」こと京浜急《けいひんきゅうこう》行電鉄もそのひとつです。

東京の品川と神奈川の三浦半島を結ぶ京浜急行電鉄の株価が、ある出来事をきっかけに急上昇しました。

その出来事は、品川駅が路線に組みこまれたリニアモーターカー計画です。

京急電鉄は品川駅近辺に広大な土地を持っており言わば品川駅近辺の「大地主《おおじぬし》」、リニアモーターカーの開通に向けて品川駅エリアが大きく発展し、近辺の大地主にはかり知れない利益をもたらすだろうと思惑が広がったのです。

このように、企業の価値は何かのきっかけで急変することがあります。京急はその一例です。「ボロ株」の話にも通じますが、眠っていた価値がきっかけを得ることで見直されたのです。

価値——投資の世界では「アセットバリュー（資産価値）」などという言い方もありますが、資産価値は「絶対」ではありません。金やダイヤモンドのような、ほぼ絶対的価値を持つものと違い、「相対的」に決定されるものだと理解すべきです。ある資産、商品やサービスを持っている人がいて、それを欲しいと感じている人がいる。つまり、需給の関係から算出されるものが「価値」であり、これは周囲の状況しだいで変動します。

京急の株が、リニアモーターカー敷設を受けて上昇したように、2020年の東京五輪開催が決定したときに株価を上昇させた企業があります。腕時計メーカーのセイコーホールディングスです。

2020年東京五輪の公式時計メーカーはスイスのオメガなので、本業での躍進が期待されての株価上昇ではありませんでした。京急と同じく、保有していた資産に注目が集まったのです。

セイコーは銀座の一等地にある「和光の時計塔（和光ビル）」のオーナー企業です。

2020年五輪が東京に決まり、訪日外国人の増加がほぼ約束されました。時期的に円安になった効果もあるのですが、三越・ラオックス・ユニクロ・松屋といった小売店が観光客で賑わったことで、周辺の地価が上昇。銀座といえばここ、という絶好のポイントにビルを所持するセイコーの資産価値も上昇したという構図です。

京急もセイコーも、本業とは関係のないところが評価され、株価が上昇しました。今回注目された資産に関する情報は、普通に暮らしていては知り得ないものです。

では、投資家としてこれらの眠れる資産価値をどう見抜いたらいいのか。企業は「有価証券報告書」を自社のウェブサイトで報告していますので、そこで見抜くことができます。

本業のビジネス以外にどんな資産を持っているのかも公開されていますので、気になる企業の報告書に目を通してみることをおすすめします。

国内旅行はなぜ増えた？

いまや世界的な観光地になった京都でも、大きな変化が起きました。

投資家の間で話題になった企業に「京都ホテル」があります。ここも、銀座の和光ビルと同じ構図で訪日観光客の増加が見込まれ、オリンピック招致決定以降——株価が急騰しました。

ただ、このケースがセイコーと少し違うのは、外国人だけでなく、日本人もたくさん京都に行くようになったことも含めての株価上昇だった点です。

10年前は、

「高い旅行代がかかる京都にわざわざ行かない」

と言っている人は大勢いました。新幹線の往復代で3万円。ホテルに泊まったら5万円オーバーです。10年前は円高でしたから、

「こんなんだったら、韓国とかハワイに行く方が割安だよ」

という論理が成り立ちました。

しかしここ最近、10万円近い値段をかけてでも、京都のいいホテルに泊まってお食事をして帰ってくるという日本人が増えました。

これは、日本が観光大国になったことによって起きた価値転換だと思います。「外国もいいけれど、国内にも素晴らしい観光資産があるじゃないか」海外から評価を受けることで、こんな風に日本の価値を見直す人がたくさん現れたのです。石川県の金沢市、三重県の伊《い》勢志摩《せしま》、あるいは富士山なども同じでしょう。

外部環境の変化で呼び覚まされる価値がある――これも、投資をしていくうえで忘れてはいけない要素です。

12

時間目

バブルとは、「チューリップで家が買える」こと

日露戦争直後の明治39年、道塾では、投資会議が開かれていました。まだ投資部が設立されていないにもかかわらず、大人に混じってプレゼンを行う孝史の曾祖父、龍五郎。独自の理論で株価の大暴落を予測しますが、大人たちは聞く耳を持ちません。龍五郎が例に出したオランダのチューリップバブルとは、どんなものだったのでしょうか。

5巻 credit.41「いつか天動説は消える」より

統計学的に言って
急激に上昇したものは
必ず急降下して
元に戻る……
これは自然の道理

球根が飛ぶように売れた！

これまで何度も「バブル」という言葉を使ってきました。改めて説明すると、バブルとは「ある価値」が「過大評価」されている状態です。

不動産、ある国の経済、ある産業――その対象は様々ですが、経済の歴史で頻繁に出てくるのは17世紀オランダで発生した**「チューリップバブル」です。投資の対象はなんと、チューリップの「球根」でした。**いま、チューリップはどの花屋さんでも扱っていて珍しくもなんともありませんが、このころはその美しさに注目が集まり、貴族や資産家にとって垂涎《すいぜん》の的でした。値段は徐々に上昇。そのうち、珍しい色の花を咲かせる球根の値段が高騰していきました。

ある人の「球根」が「家一軒と交換してもらえた」という話が広まると、価格はさらに高騰。専門の転売屋まで出てきて、たった1個の球根が1日で複数回転売される事態にまで発展します。

しかし、ある日突然、その転売が利かなくなります。需要と供給のバランスが崩壊した瞬間です。

「さすがにこの値段は無理だよ……」

誰かがこうつぶやいた瞬間、周囲の空気が一変します。価格は急激に下落を始め、球根の値段は最盛期の100分の1にまでなってしまいました。借金してまで球根を買い漁っていた人も大勢おり、彼らは大損害を被りました。

バブルとは大勢の人が熱狂する状態です。自分まで熱くなってしまうと、危機が起きたときに巻き添えを食らいます。そうならないためにはその投資対象にどれだけの価値があるのか冷静に見極めなければならないのですが、実はこれが難しいのです。

「いまから48時間以内にメールを送信します。メールが来た人は解雇です」

自分にも思い当たる節があります。

2008年9月にリーマンショックが起きたとき、わたしはある銀行のシンガポール支店で働いていました。日本は祝日の月曜日でしたが、わたしは普通にオフィスで働いていました。あるとき、ポンッと、パソコン画面に速報が出ました。

「リーマン・ブラザーズ経営破たん」

リーマン・ブラザーズはアメリカの投資銀行大手。大ニュースであることは間違いないのですが――その翌週末、シンガポールでは初めてのF1グランプリが開催されることになっていて、街はお祭りモード。そういった状況だったこともあり、街や社内の雰囲気は「大事件だ！」という感じではありませんでした。むしろ、

「しょうがないなあ。面倒くさいことにならなきゃいいけど」

という声を聞くぐらいでした。

そのまま、週末はF1です。大手保険会社INGがスポンサードしたルノーのマシンがクラッシュを起こしてしまい、金融関係者は「不吉だなあ」と話していました。そうした

ら、ＩＮＧが本当に経営危機に陥りました。
そこからはもう、冗談など言えません。

9月の後半に入ると株式市場で地すべりのような株価急落が始まります。その状態が半年続き、全体の株価が60％も下がりました。当初出されたレポートでは、

「今回の損失額は世界で1兆円ぐらいだろう」

と言っていたのが、推定額は日ごとに膨らんでいって、最後の最後、アメリカ最大手の投資銀行が「京の単位で損失が出るかもしれない」とコメントを発表すると、トドメの大暴落が起きました。

リーマン・ブラザーズの社員が段ボール箱を持って会社を出ていく映像を観たことをよく覚えています。彼らはロックアウト解雇と呼ばれる形でクビにされてしまった社員たちでした。自分のいた会社でも似た光景がありました。社員がなんの前触れもなくお昼に集

められて、

「いまから48時間以内にメールを送信します。メールが来た人は解雇です」

管理部門の人からこう言われてしまうのです。解雇割合が全社員の2割であることも通達されました。メールをもらった瞬間、その人はそこからパソコンに一切触らずに、出ていかなければなりません。

能力の低い人からクビになるかというと、そうではありません。まず、給料の高い人が切られます。続いて、優秀なチームがチームごと解雇になりました。給料が高すぎたのだと思われます。解雇された人たちは「なんで自分が」と茫然自失《ぼうぜんじしつ》だったと思います。

どんなに優秀な人でも、社会全体に起きる危機を予測するのは困難です。それがどんな結末を招くのかを予測するのはさらに難しいでしょう。わたし自身、あの出来事から多くのことを学びました。みんなが右と言っているときには、注意を払って左を見る。頭をクールダウンさせなければいけません。

こうすれば正解というのはありません。

先にもお話しした通り、歴史や哲学からの学びを総動員しながら、自分の頭で考えるしかないのです。

13

時間目

情報は現場に落ちている

「5000万円を予算に、私が欲しいと思った物件を買ってきた方が勝ち」。日本を代表する大富豪の塚原から出された不動産投資対決のお題に、孝史と慎司は困惑しつつも奔走します。東京の歴史に基づいた分析であたりをつけたエリアへと走った慎司は、現場に行ったからこその発見をします。

15巻 credit.126「街、そして人」より

結局 不動産は目で見て肌で感じなければ何もわからないということだ

地球を2周して感覚を磨いたジム・ロジャーズ

投資家というと、みなさんはどんなビジュアルをイメージするでしょうか。高級スーツでバシッときめて、何台も並んだ大きなモニターを神妙な面持ちで見張る――そんな感じでしょうか。

なかには、そういう人もいるでしょう。ただ、本当にすごい投資家は1年中モニターと睨めっこなどしません。足を使い、生の情報を集めます。

何度か名前を出してきた大物投資家のジム・ロジャーズは、投資の肌感覚を磨くために、自家用車とバイクで地球を2周回りました。まだアジアの経済成長が本格化する前、彼はベトナムである少年に靴を磨いてもらい、こんな気づきを得たそうです。

空き時間、靴磨きの少年が新聞を読んでいる――。

当時のベトナムの平均賃金は日本の20分の1です。1日みっちり働いても、1000円も稼げません。当然、彼らの親の経済状況は厳しい。こんな幼い年齢から働いているのですから、学校に行く時間も制限されるに違いありません――。

なのに、この識字率の高さ・向上心の強さはすごいと、彼は感じました。

「しかるべき時が来れば、ベトナム経済は伸びる」

こう確信したといいます。ベトナムは「買い」という判断です。結果からいうと、彼の判断は正しかった。この5年だけでも平均賃金の伸び率は200パーセントを超えています。ベトナム経済は急成長しているのです。

わたしも、海外経験で得たものが数多くあります。

リーマンショックの前でしたでしょうか。インドネシアのジャカルタに出かけたことがあります。当時は新興国というよりまだ途上国の雰囲気が色濃く残っていましたが、ここで「ホンダ」の長期的な成長の可能性を実感しました。ホンダは50CCバイクで日本でもトップメーカーの一つでしたが、インドネシアでもすごかった。

インドネシアの人口は世界で3番目。都市部では交通渋滞が大問題になっていて、自動車ではスムーズに移動できません。そんな事情もあってバイクの需要が極めて高い国なのですが、ホンダ製品「スーパーカブ」がダントツのトップシェアだったのです。当時、年間460万台も売れていると聞きました。ケタ違いの数です。

現地のインドネシア人と話していても、「今日は何で来たの?」と尋ねると、「バイクで来た」ではなく、「ホンダで来た」と答えるのです。
日本で**ステープラーが「ホッチキス」と呼ばれ、絆創膏《ばんそうこう》が「バンドエイド」と呼ばれるのと同じように、インドネシアでは50CCバイクが「ホンダ」と呼ばれているのです。**

わたしはこう思いました。インドネシア経済はまだ伸び代がふんだんにある。ホンダがこの国の経済成長に乗ったら、どれだけ売れるだろうと。帰国してから迷わずホンダの株を買いました。

こうして海外に行くのも一つの手ですが、こういった感覚の鍛錬は身近なところからも始めることができます。
「流行りもの」に乗ってしまえばいいのです。
ポケモンGOやVRヘッドマウントディスプレイ。少し前なら、自撮り棒などもそうです。

モノが売れない時代とは言いながらも、ヒット商品が途絶えることはありません。なぜ売れているのか。まず乗っかってみてその理由を考えるのもトレーニングです。体験すると、いろいろなことが見えてきます。

モノや情報が氾濫《はんらん》する現代。もはや消費者は、機能性やブランドの名前だけでは購買に動きません。何で選ぶかといえば「体験」です。ポケモンGOならゲームの世界が現実と融合する新鮮さ、VRならゲーム世界への圧倒的没入感。2016年はバルミューダという、ずっと扇風機を作っていたメーカーがトースターを発売して大人気になりました。既存のトースターにはないスチーム機能を搭載することで、風味を損なわない焼き加減を実現したのです。コンビニの食パンでも、ホテルの焼きたてパンのような風味で食べられる体験を提供しました。

売れる理由は機能だけでは測れない。というよりも、外観や数字には表れないものに秘密が隠されている。こういう目に見えないものを分析することを、「定性分析」と呼びます。企業分析なら、社風や働き方、雰囲気、人材などが対象になります。対して、会社の売上高、財務情報、株価など目に見える数字に対して行う分析を「定量分析」と言います。

どちらも重要な視点ですが、ネットによって誰もが定量分析に必要な情報を得られる昨今、定性分析の重要性が増してきていると感じます。

第4章

お金だけじゃない！
投資があなたにもたらすもの

14時間目

就職希望企業の株を買えるか?

就活生の浩子は、参加したセミナーで「就活とは人生の投資である」という言葉を聞き、衝撃を受けます。これまでのなんとなく人気企業を受けるやり方をやめ、投資的観点から企業分析をはじめたところ、これまで想像もしなかった事実がたくさんあることに気づき……。

5巻 credit.35「就活生は株を買え!」より

就活とは人生の投資なのです

株を買うと、その会社の本質が見えてくる

前章で、分析力をつけることの大切さをお話ししました。

分析力強化のためにできるトレーニングは、まだあります。

もし、あなたが学生なら「就活」は恰好《かっこう》の舞台でしょう。

「エントリシートを書くだけで忙しいのに、またやらなきゃいけないことが増える……」

こう言って表情を暗くする人もいるかもしれませんが、企業を分析することは就活を攻略することにもつながります。志望企業の有価証券報告書を読むのはもちろん、上場企業であれば、思い切って株を買ってみるのもおすすめです。

仮に50万円でも投資するとなれば、プレッシャーがかかります。損はしたくないと思うはずです。投資先となれば、これまで以上にその企業のことを真剣に調査・分析するのではないでしょうか。

また、投資先は何を基準に選びますか？　人気企業ランキングでしょうか。社員の年収の高さでしょうか。それともブランド力？　オフィスのお洒落さでしょうか。

就活生として見ていた時とは全く違う視点で、企業のことを分析することができるのではないでしょうか。

たとえば、積水化学工業という会社があります。住宅のイメージが強いこの企業、実は面白いものを作っています。「中間膜《ちゅうかんまく》」という素材の製造メーカーとして、世界のトップ集団に食い込んでいるのです。中間膜とは、自動車のガラスにはさみこむ素材で、強度が増し、事故で割れても破片が飛び散るのを防ぎます。地味な素材ではありますが、今や、どんな自動車にも欠かせない素材です。実は、この分野を扱うメーカーは世界に4社しかありません。もちろん積水化学工業は、そういった市場の状況をわかった上でこの分野に参入しています。賢明ですし、わたしなら、こういう目線を持った企業の株主になってみたいと思います。

しかし大学生の話を聴くと、分析力がまだないこともあって、なんとなくのイメージで志望企業を決めてしまっている方がすごく多いです。これは非常にもったいなく、ともすれば危険なことだとすら思います。**「新卒入社」という、一生に一度しか使えない資産の投資先を、「なんとなくお洒落だから」、「なんとなく勢いがありそうだから」という理由だけを頼りに決めてしまっている**わけです。

先ほどお話ししたように、自動車をテーマに掘り下げても、いろんなものが見えてきます。製品としての自動車を大きなものから少しずつ分解していくことで、たとえば中間膜という市場が見えてきます。また、時間軸で展開して10年スパンで考えれば、自動運転車の開発という視点もあるでしょう。自動運転が当たり前になったとき、何が変わるでしょうか。必要なのは接触を避けるための強力なセンサーかもしれません。だとするなら、モノのインターネット「ＩｏＴ」に強い企業だろうと、そういうことも見えてきます。

一つのことを掘り下げる。投資にたとえるなら個別株への投資です。一回の投資で複数の企業に投資する「分散投資」という手法もありますが、まずは、一つのことを深く掘り下げる姿勢を基本とされるのをおすすめします。

就活はどんどん難しくなっているように思います。希望の企業に入れないことはもはや当たり前といっていいでしょう。だからこそ就活生のみなさんは、「保険」をかけて何十社にもエントリーシートを出すわけです。気持ちはすごくわかります。ただ、深く知らない企業ばかりを何十社受けても、結果は出にくいのではないでしょうか。急がば回れ。一度腰を落ち着けて、企業・業界のことを深く観察してみるのもいいのではないでしょうか。企業を観る目を養うことができるはずです。

不人気企業にあえて行く

もう一つ、**あえて人気企業を「選ばない」という選択肢もあります。**

人気を集める企業の株は、当たり前ですがほとんどが既に高額。だからこそ投資家は、いまはまだ不人気でも、これから伸びる可能性を秘めた株を探します。就活だって同じです。今後伸びる余地が十分にあれば、現状の人気など気にする必要はありません、。

野球やサッカーにたとえるとわかりやすいでしょうか。

プロ選手を目指すあなたに、莫大なお金と知名度を持つ「チームA」と、お金こそありませんが的確な長期的戦略を持つ「チームB」からオファーがあるとします。Aの方がBよりギャラは高額。しかし、Aの選手層は厚く、入団1年目からレギュラーで活躍するのは難しそうです。対して、チームBの選手層は薄く、人が足りなくて困っているから1年目からレギュラー入りのチャンスが十分にある。こうした状況でチームBを選び、1年目から試合にガンガン出て市場価値を高めることも、立派な戦略です。就活も同様です。「ビッグクラブ行き」だけが選択肢ではありません。野球でもサッカーでも、予算の規模が小さくても独自の強化方針、経営戦略で存在感を発揮するチームはあります。それを見抜くことも、就活や投資に求められる能力なのです。

15時間目

不動産購入にロジックを！

慎司との不動産投資対決に向け、不動産の勉強をはじめた孝史。手始めに、今住んでいる一軒家の値段を、住宅メーカーのモデル価格や購入当時の土地の値段をもとに算出してみます。そこにローンの金利や固定資産税を合わせると、3500万円の家を買ったはずが、その総額はほぼ6000万円に達しているのでした。

14巻 credit.117「え、不動産？」より

金利を考慮して不動産に投資する

本書も折り返し地点を過ぎたので、ここで話題を「不動産」に切り替えてみたいと思います。

投資の対象になるのは、何も株式だけではありません。世間で価値が広く認められたものであれば、すべてが対象になります。

『インベスターZ』にも、不動産に関するシーンが出てきます。孝史が「お父さんはこの家をいくらで買ったんだろう」と自宅の資産価値を調べる場面です。

マイホーム購入経験のある方であれば「家をいくらで買ったか」という質問に即答することができるでしょう。人生で一番高い買いものだったという人がほとんどですから、忘れる方はまずいません。

3000万円でしょうか。5000万円でしょうか。新築か中古か。人によって金額は様々かもしれません。ただ、仮にローンで購入されているのであれば、銀行からお金を借りていることになります。当然、そこには金利がついています。

金利を含めると、3000万円の物件でも、実際は5000万円の買い物だったりします。このことを正しく理解しているマイホーム購入者はまだ少ないでしょう。3000万円の家は、ローンを組むと3000万円では買えないのです。

また、マイホームを買う際に考えなければならない問題は他にもあります。

本当にそこで一生暮らすのか。

あまり考えたくありませんが、離婚するかもしれませんし、隣人が面倒な人になるかもしれません。仕事の中身がガラリと変わって、住む場所を変えなくちゃならない――なんてこともあるかもしれない。不確定要素は、挙げればキリがありません。そうなったときに、人に貸す、あるいは売るという選択肢が出てこないとは限りません。大金を払ったのですから、自分の持ち家にだって「資産」という意識を持っておくべきです。

たとえば資産として考えたとき、郊外の一戸建てというのは扱いづらい物件です。単身者には広すぎますし、車庫や庭も不要な人にとっては無駄なものになってしまいます。こういうときに小回りが利くのは、コンパクトなマンションです。都心にある駅が近い物件なら価値は落ちづらいでしょう。

資産として考えると、「夢のマイホーム」を見る目もガラリと変わります。
「なぜこの物件なのか」、契約の判子を押す前に自問しましょう。

「人口減で、東京の地価は下がる」は本当？

資産として考えたとき、不動産のある「エリア」はとても大事な要素です。
例えば、世界一地価が高いと言われてきた東京の今後はどうなるでしょうか。
ニュースでこんな文言を見たことがありませんか？

「2020年をピークに東京都の人口も減少に転じる――」

確かに、日本の総人口は減り続けています。少子化対策がうまくいったとしても、これを食い止めるのはほぼ不可能でしょう。人の流入が続いてきた東京もこの流れには抗えない――といった論理展開で、この予測を正しいものと考える方は多いと思います。
しかし、本当にそうでしょうか。千葉、埼玉、神奈川県をふくんだ「東京圏」の人口が世界の大都市と比較しても、桁外れな規模を持っているのをご存じですか。

実に3700万人にもなるこの数字。

ニューヨーク圏が1900万人、メキシコシティも1900万人ですから、その規模の大きさは推して知るべしです。この二大都市圏と比較して、東京圏の人口流入量はどうかというと、実はこれもダントツで世界1位。

こういったデータから見ていくと、間もなく東京の人口が減少に転じ、不動産価格が下がるという予測に疑問符が付いてきます。

むろん、日本全体の人口減はありますが、何百万人か減ったところで、向こう数十年の間の世界1位は、そう簡単に揺るがないのではないでしょうか。

実際、海外のある大手コンサルティング会社は、「2040年になっても東京圏の人口は世界1位である」という評価を下しています。悲観論に引っ張られ過ぎるのはもったいない状況です。

結果は神のみぞ知るわけですが、こうしてエリアのポテンシャルを分析することは非常に大切です。

また、株と同じく、足を使って調べることも有効です。

プロがやっている方法で、あなたにもすぐ実践できるものがあります。自分の家の周りからで構いませんので、マンションや一戸建て、雑居ビル。これらのポストを見てみてください。そうすると、人が住んでいるのか、テナントが入っているのか、あるいは空き家なのかが一発でわかります。

ある程度見て回ると、空き家の比率の平均がわかり、同時に、そのエリアの人気のほどがわかります。空き家が多くても、

「外国人観光客から人気のスポットへのアクセスがよく、海外から注目されているエリア」
「かつては治安が悪いとされたがもはやそれはイメージだけで、実際は交通の便がいい割に家賃相場が安く、人気が出始めているエリア」
「大規模な再開発が行われる予定のエリア」

などの要因があれば、まさに今が買い時という場合もあります。

自分の足で集めた情報は、あなただけの独占情報です。

不動産投資はもちろん、世の中の動きを知るためにも、降りたことのない駅で降りてみたり、自宅やお気に入りの場所近辺を散歩してみられることをおすすめします。

16時間目

宇宙人から見れば、地球は「買い」

慎司からＦＸ勝負を持ちかけられた孝史は、投資部の為替のスペシャリスト、富永の指導を受けます。

「お金の価値は自国の通貨だけを見ていてはわからない。一番遠くの宇宙から世界の通貨を見ろ！」と言われ感銘を受けます。

10巻 credit83.「宇宙から見よ!」より

世界の経済は成長を続けている

経済について、日々色々なことが起き、さまざまな仮説が立てられています。例えば、今後の世界経済の見通しについてこんな悲観的な意見もあります。

「世界経済はついに長い停滞期に入った。資本主義には時間と空間という『フロンティア』が不可欠だが、もはや地球上に手つかずの巨大マーケットは残っていない。1日は24時間と決まっていて、これも開発のしようがない。株式市場では、機械を使った超高速取引が行われるようになったが、それでも1日が48時間に延びるわけではない。つまり、もうこれ以上、成長はしない。限界なんだ」

一定の説得力があります。

しかし、この何年かだけを見て悲観するのはまだ早過ぎるのではないでしょうか。先ほどお話ししたように、インターネットのようなイノベーションが新たなきっかけをつくるかもしれません。わたしは、何かが起こるはずだと、楽観的にとらえています。一時的な踊り場に達することはあっても、それは次へのステップであろうと考えています。

なぜなら歴史がそれを証明しているからです。

１９７１年から２０１５年までの45年間で、世界平均株価は16倍にもなっています。年率に直すと、６〜７％ずつ成長した計算です。数多くの金融危機を経験するなか、経済は必ず復活を遂げ、成長軌道に転じてきました。

だから、わたしはこう言っていいんだと思います。

「株というのは、基本的に上がるものなんだ」

そう、超長期で見れば、そう言い切ってしまっても大丈夫なのです。第二次大戦前にまでさかのぼれば、成長率はさらに上がります。日本もバブル崩壊以降は20年以上低迷していますが、仮に１００年間のデータをとったら右肩上がりです。

「いや、そんな１００年近く前と比較されても困るよ」

こう反論があるかもしれませんが、わたしがここで言いたいのは視野の問題です。

みなさんも思いこみに囚われず、世界経済を長期的かつ広く見て欲しいと思います。そのとき、強い味方になってくれるのが、「バフェット指標」です。本書に何度も出てきた大物投資家ウォーレン・バフェットが考案した指標で、彼はこう言っています。

「世界GDPと世界の株価総額でもっとも合理的なのは、1対1のときだ」

ちょっと難しい言い回しですから、解説しましょう。

「GDP」とは国内総生産のことです。一定期間内にモノやサービスを提供した（売った）ことによってどれだけの付加価値をあげたかを表します。経済の指標ではもっとも代表的なものです。すべての国のGDPを合計した金額と、世界の株価総額が同じになっている時の株価こそが、適正な価格であるとバフェットは言っています。

株価だけが突出することもあります。たとえば、GDPに対し、株価が1・2（20％多い）をつけることはしばしばあります。実力以上の評価を得ている、いわゆるバブル状態ですが、いつかは1・0に収れんする。元に戻るということです（ちなみにリーマンショック時はGDPに対し株価は0・8。株価は割安状態でした）。

近年の世界GDPはどうかというと、年率3%のペースで上がっています。バフェット指標をあてはめれば、株価も年3%ずつ上がっていることになります。

なぜGDPが上がるのか。単純なお話で、世界人口が毎年1億人のペースで増えているからです。新たに生まれた人は、労働という付加価値を生み、同時に消費者にもなりますから、マーケットはその分、拡大するわけです。

2~3年の幅や、日本だけで見ると、投資の世界は狭く見えるかもしれません。ただ、時間と空間を広げて見てみれば、まるで違うものに見えてきます。

17 時間目

ルールは成功者への軌跡《レール》

慎司とのＦＸ勝負に向け練習をはじめた孝史。月に１度アメリカの雇用統計が発表されるお祭り状態の市場にのせられ、富永から受けた忠告を破った結果、１０００万円の資金を溶かしたばかりか８００万円のマイナスを出してしまいました。そんな孝史に富永は「市場に踊らされる」ことの危うさを説きます。

10巻 credit.85「負けるが勝ち」より

おまえは踊る阿呆《あほう》だ！
阿波踊
阿波踊
阿波踊

「上がる商品」ではなく、「みんなが上がると思う商品」を買う

ここでは、投資家に必要な「心」の持ち方について考えてみましょう。

『インベスターZ』では、孝史が「FX」にハマる場面が出てきます。FXとは、外国為替証拠金取引（Foreign Exchange）のことで、米ドルやユーロ、円などの通貨を売買・交換し、通貨の値段＝レートの差をつかって利益をあげる手段です。各国の通貨は日々変動していて、米ドルに対してユーロが安い、あるいは円が高いなどの状況が出てきます。この差をつかって稼ぐ投資活動です。

さらにFXでは、「レバレッジ」（英語でテコの意味）といって、手元にあるお金を元本に、FX会社からより大きなお金を借りて、投資をすることができます。

手元に10万円があってレバレッジが5倍なら50万円分、10倍なら100万円の通貨取引ができるというわけです。たとえば南アフリカのランドやトルコのリラなど——新興国の通貨は、先進国ほど安定していません。自然と通貨が高くなったり安くなったりする幅は大きくなりますので、買った通貨のレートが上がったときに売れれば、大きな利益を生みます。逆にレートが急落すると損失額も大きくなります。高いレバレッジをかけ、大きな金額を取引している場合はリスクを伴います。

ＦＸは、価格の変動率が大きいことから、リスクの高い商品と言われています。しかし、リスクをとらなければ高いリターンを得られないのもまた真理ですから、ＦＸを選ぶのは決して間違いではありませんし、株式投資よりも「簡単」な性質を持っているかもしれません。

マクロ経済学のケインズ学派を打ち立てた経済学者で、ジョン・メイナード・ケインズがいます。彼の有名な言葉で、

「投資は、美人投票のようなものだ」

というものがあります。

この美人投票とは、一般的なミスコンやオーディションとは違います。ケインズの言わんとしているのは「一番の美人」を当てることではありません。１００人の女性がいて、そのなかから何人かを選び、その女性が全体でどの程度人気を集めたのか。その結果に伴って、リターンが分配されるゲームだといいます。つまり、自分が美人だと感じる女性を選ぶというより「みんなが美人だと感じるのは誰か」を当てるゲームだということです。

世界にある通貨の種類は限られています。主要な通貨は、米ドル、ユーロ、円の3つで、その他の国の通貨を入れても、何百種類という選択肢にはなりません。株の場合、日本の上場会社は3760社と膨大。相対的にみて、比較的「簡単」な美人投票と言えるのです。

しかし、FXの取引をゲーム感覚で行う人もいて、熱中してしまう人もいます。『インベスターZ』の孝史もそうです。冷静さを欠いたために大きな負けを喫《きっ》しています。そこでいったん頭を冷やさなくてはならないのに、「取り返してやる」とさらにリスキーな勝負を仕掛ける。先にお話しした「損して休むは上の上」を徹底しなくてはならなかったのに、できませんでした。


FXもそうですが、投資には向かない「心の持ち方」というのがあります。

盛り上がって、熱くなって自制がきかないタイプの人は危険です。

お酒で気が大きくなってしまう人はいますし、少々ハメを外すぐらいは構いません。しかし、酔っぱらって交通ルールを破ったり、暴れたり、散財の限りを尽くすような人は投資家には向いていません。損切りと利食いというルールがあり、負ければ休んで頭を冷やす。投資は「自分内ルール」を徹底していないと、成功を収められない世界だからです。

逆にＦＸ投資はストイックにルールを守り、勝てる法則を自ら生み出したとき、最強の投資分野となります。

日本でもＦＸで投資形成をした個人投資家は数多くいます。流動資金量でもＦＸは株・不動産を引き離してダントツの1位です。

さて、ＦＸ投資はギャンブルでしょうか？

こう訊かれたら、自分は100％同意はしませんが、一部分で「イエス」と答えます。

誰しも空気に流される瞬間はありますし、勝ちと負け、両方の局面で熱くなることもあります。そして何よりも、100％結果を予測できない点も似ています。

そうであるからこそ、自分内ルールに忠実に判断しなければならないのです。

ルールに従って長い時間をかければリターンを積み重ねることができる。

その点、ＦＸ投資とギャンブルは大きく違います。

18時間目

高級腕時計とＩＰＯ株の共通点

投資の先輩として上から目線で孝史にアドバイスする美雪。
何かやり返せないかと思案した孝史は、美雪が着けている
高級時計に目をとめ、「投資家としては三流だ」と言い捨てます……。

3巻 credit.17「勇者の坑道」より

「社長がバカでも儲かる会社」が一番強い

企業が持っている本当の価値は何か。それを見抜くにはどうしたらいいか。何度かそんな話をしてきました。消費者としてのセンスを磨く。何はともあれ株を買ってみる。幾つかの手法をお伝えしましたが他にもあります。少し専門的な領域に歩みを進めましょう。

どの上場企業も開示している情報で、「ＲＯＥ」(Return on Equity) という指標があります。日本語にすると、「株主資本利益率」です。

上場企業は、株式を通じて資金調達を行います。経営の権利を分割して株主とシェアするわけですが、ＲＯＥはそうやって集めた資金でどれだけ高い利益をあげているかを表す数字です。近年、企業がお金を貯めこむだけ貯めこんで、設備投資をしない、新しいチャレンジをしないことが問題視されてきましたが、風向きが変わりました。いま、どれだけ株主に報いているかを表す、注目の指標です。

他の基準もあります。ウォーレン・バフェットの言葉に**「愚か者でも経営できるビジネスに投資しなさい」**というのがあります。企業は株主からお金を集めている以上、途中で「もうやーめた」なんて言うわけにはいきません。長く、それこそ永続的に自社の価値を高めていかなければなりません。とはいえ、企業も人間の集合体ですから、その間、愚かな経営者が出てくるかもしれない（むろん、いないに越したことはありませんが）。バフェットは、仮にそうなったとしても経営が回っていく会社に投資せよ——と言っています。経営者が誰であろうと儲けの出る、強力な商品・収益基盤を持っている企業がこれにあたります。

もう一つご紹介しましょう。大物経営コンサルタントのジム・コリンズは著書『ビジョナリーカンパニー』にこう書いています。

「私たちが暮らす社会に、消えることのない足あとを残していること」

「当初の主力商品（サービス）のライフサイクルを超えて繁栄していること」

前者はわかりやすい例ですが、後者は売りものの中身をガラリと変えて繁栄していることを指します。テクノロジーや人の嗜好《しこう》は変化を続けますから、そのニーズをきちんと捉えて、生まれ変わった企業は強いです。たとえばパナソニック。一般消費者向けの家電を売ることで収益を確保してきましたが、近年は自動車の車載用品（空調やカーナビほか）、工場で使う電装品やデバイス製造に力を入れています。「B to C（消費者向けに行う商取引）」から「B to B（企業相手に行う商取引）」に転換を進めています。パナソニックは主力商品のライフサイクルを超えて、次の繁栄を模索している真っ最中なのです。

その時計は、なぜ高額か

『インベスターZ』では、孝史が美雪の着けている高級腕時計を見て、「投資家の着ける腕時計じゃない」と否定するシーンがあります。

企業の株価を説明するときに、高級腕時計はいい材料になります。男性でも女性でも、ファッション誌に100万円、あるいはそれ以上の値段の時計が載っているのを見たことがあるのではないでしょうか。たとえばロレックス、オメガといったブランドもそうですし、カルティエ、シャネルなどもそうです（このお話には「マニュファクチュール＝自社一貫生産」で生産される最高峰の高級時計はふくみません）。

さて、高級腕時計は機械式というゼンマイを軸にした内部機構で動いているので、作りが複雑です。職人による専門的な工程を幾つも経て製品になるため、相当なコストがかかっています。とはいえ、それだけで数百万円の値段にはなりません。ファッション誌への広告費、スポーツ大会への協賛費用もかかっています。また、著名な俳優やスポーツ選手と年間契約してモデルに起用していますから、その費用もふくまれています。

そう考えると、**腕時計の「適正価格」はいくらになるでしょうか。「モノ」自体の値段で言えば、もっと低いかもしれません。孝史はそこを指摘し、「その時計が高いのはほとんど**

広告費だ」と言い放ったのです。時計以外でも、この手の話はゴロゴロしています。たとえば、ポストに投函される新築マンションの広告。5000万円、1億円——ここにも、広告費やモデルハウスの値段がふくまれています。高級車もそうですし、高級ホテルもしかりです。

世間で「ブランドビジネス」と呼ばれるものの多くは、こういった値付け構造を持っていますが、本当の値打ちはいかほどか？　このことを真剣に考える人は多くありません。

むろん、わたしはブランドビジネスが間違っていると言いたいのではありません。モノと情報が行きわたった現代で「売れる」ためには、利便性やスペックだけでは足りません。信頼や格式、あるいは商品のバックにあるストーリーが決め手になることは多い。

しかし、投資家たるもの、その付加価値をふくめて適正かを常に気にとめる必要があります。たとえば、ＩＴ企業が新規で株式を公開する（ＩＰＯ株）ときは、実際の実力以上の値段になる場合が多くあります。これは、企業の未来への期待を反映した数値で、これだって付加価値です。みんなが拍手を送っているときこそ、冷静に見つめて欲しいと思います。

19

時間目

ピンチは「買い」

孝史は投資部のOBから、
初代キャプテンであった曾祖父・龍五郎の話を聞かされます。
太平洋戦争中、OBとして合宿に現れた龍五郎は現役の部員たちを前に、
戦争で土地の値段が下がっている今こそ
不動産投資をすべきと説きますが部員たちは反発。
そんな学生たちを龍五郎は一喝するのでした。

8巻 credit.64「戦火の建議」より

我々にとって今
解決すべき課題は
資産を増やせるかどうか
人として正しいかどうか
良心に反するかどうか
なんて関係ない

戦争・震災……ピンチの時こそ、冷静に相場を見る

ピンチのあとにチャンスあり。

よくこんな言い方がされますが、投資も同じです。

『インベスターZ』でも、これを物語るシーンがあります。太平洋戦争の末期、日本の敗けを悟った財前の曾祖父・龍五郎は投資部を訪れ、部員らにこう号令をかけます。

「東京の一等地を買いまくれ！」

部員は猛反発します。

アメリカとの戦争は継続中で、そんな時に日本は敗けるだの、土地を買えだの、何を言っているんだと。要するに「不謹慎」だと。当時の言い方なら「非国民の極み」といったところでしょう。

それでも、日露戦争を経験した龍五郎には確信がありました。戦争をしているときは、多くの人が最後は勝利と信じて疑いません。軍部もそういって情報操作（プロパガンダ）をしていますから、さらに拍車がかかって、みんな日本株を買いまくるわけです。

敗戦が決まるまでは株価は上がり続けますが、それはバブル。その後は必ず急落します。そして戦争で敗けた国に信頼などありません。通貨は（一時的に）価値を失うので、猛烈な「インフレ」がやってきます。ものを買うためにたくさんのお金が必要になり、すべての物価が跳ね上がります。土地も例外ではないため、龍五郎は「土地を買え！」と号令をかけたわけですね。売れば、買った値段よりも、はるかに高い値段になって戻って来る——千載一遇のチャンスだったのです。

これと似た話が、2011年の東日本大震災でありました。知人を介して聞いた話ですが、**ある人は地震が起きた直後に、ヤフオク！で高額商品を大量に落札。震災直後は、ライバルとなるべき人は入札に参加しませんでしたから、平常時では考えられない「底値」で落札ができたそうです**。龍五郎が目をつけた土地と同じ発想だったのかもしれません。

また、ある人は、原発事故が起きた瞬間に北海道から買えるだけお米を買ったと言います。米不足になることを見越しての行動だったかもしれません。

千葉県の外房にある勝浦市では、震災後、津波の不安から地価が一気に下がりました。それまではサーファーなどから高い人気を集めていたのに急落。しかし、本当の価値を知る投資家は、「いつか海好きがこの土地を再びほしがるに違いない」と海沿いの土地を買ったといいます。いまでは何もなかったかのように新築の物件が建っています。

「みんなが困っているのにひどいじゃないですか。社会の混乱に乗じて、儲けようだなんて」

これまでの話を読んで、こう感じた方はいるかもしれません。

ご指摘の通りです。ただ、これも投資の一側面であることは理解していただきたいと思います。重要なのは、どの例も弱者を踏み台にした投資ではない点です。北海道のお米を買い占めたケースも、全国民が米不足で困っていたなら「あくどい」として非難を浴びたかもしれませんが、お米は全国で常に余っている状況です。投資家として機を見るに敏だったというしかありません。

戦争や震災。社会で大きな変動が起きたとき、多くの人は行動や発言を自粛します。「不謹慎だ！」と言われかねないからです。

しかし、人さまの不幸を踏み台にしないで、投資の歴史のなかで、ピンチをチャンスに変えた人が大勢います。

むしろ、そこで得たお金を使って、困っている人に支援をし、復興に投資ができるなら、ピンチを糧に得たパワーを社会に再分配することもできるでしょう。太平洋戦争の敗戦で巨額の利益をあげた道塾学園投資部の先輩たちも、この利益を元手に学校の授業料無料化を継続していきました。そう、不謹慎に負けない行動力が未来を切り開いたのです。

危機は来ないに越したことはありませんが、もしそうなったとしても冷静でいられるかどうか。投資家としての、器《うつわ》の見せどころです。

第5章

投資で「自由」を勝ち取ろう！

20時間目

家族でお金の話をしてみよう

美雪・さくら・倫子の3人は、それぞれのお小遣い10万円を元手として、女子高生投資部を発足させます。それぞれ家族にも許可をもらい、投資をはじめる3人。特に「家計を楽にしたい」という強い動機を持つさくらは、親子で話し合いながら投資の勉強を進めていきます。

4巻 credit.34「天国と地獄」より

資産家は子どもにお小遣いを渡さない

もし、あなたが急にまとまったお金を得たらどうしますか？

そのときに問われるのが「リテラシー」です。

10万円あったら、その分一気に使い切ってしまうのか。それとも、時間をかけて増やそうとするのか。人それぞれです。

こんなことがあったのを思い出します。

2014年リクルートホールディングスが上場を果たし、株価は時価総額で2兆円をつけました。大きなニュースになったので、ご記憶の方も多いでしょう。なかに「ストックオプション」というかたちで自社株を持っている社員の方もいまして、上場の際、色めきだった人がわたしのところへ相談しにきました。


「上場したら自分の株が軽く1億を超える。どうしよう」


その方は質素な暮らしをしている人で、それまで首都圏の郊外の家に住んでいました。

そんな方が、大金を手にした途端にざわざわし始めました。

「何に使ったらいいのかわからない」と。

「いったい、どうしたらいいですか」と。

どうするもこうするも、今まで通りに欲しいものがなければ使わなければいいだけなのですが、ソワソワします。ただ、預金にしていても増えることはありませんから、一部を投資に回して、将来に備えればいいのではとアドバイスさせていただきました。ところが、いざ投資と言われても投資の仕方がわからないということでした。

この時、日ごろからの準備は大切だなと感じました。お弁当ばっかり食べている人が急にフランス料理を前にすると固まってしまうのと同じです。いざとなってからあたふたしないよう、日ごろから備えておくことが大事です。


昔、資産家の方の別荘に呼ばれて資産形成の話をするような仕事をしていました。場所は軽井沢とかそういった避暑地でたいがいは夏休みでしたから、お子さんも一緒です。その際、すごく感心したことがあります。それは、投資やお金のリテラシーの高い資産家は、自分の子どもに簡単にはお小遣《こづか》いを渡しません。

ケチ、というわけではなく、「申告制」という形をとっている家庭が多いからです。要す

るに企業と同じで、
「何々をするために必要だからいくら欲しい」
と、**子どもに考えさせた上で申告させます。**

なぜ必要なのか理由を明らかにしてお金をもらう。海外の家庭でも一般的なやり方ですが、これに慣れ親しんでいるのとそうではないのでは、大人になったときに差がつくだろうなと思いました。自分は何が欲しいのか。どうしたいのか。そのためにいくら必要なのか。意識が明確になるからです。1億円もらってどうしようと、ざわざわしちゃうこともないのではないかと思います。

対して、いまだ日本で主流の「お小遣い制」は、「給料制」「予算制」とも言えます。サラリーマンや公務員と同じで、予算に基づいて行動するやり方です。

これだと、500円でも1000万円でも、もらったらその分使ってしまう。余らせてしまうと翌月からの予算配分に問題が起きそうだから、きっちり使い切らないといけないなどといった考え方をしてしまいます。結果的に、何に使ったかわからないまま、お金がなくなってしまうのですね——。これでは、お金のリテラシーが高くなるとは思いません。

また、これは思い切った案ですが、**自分の年収を子どもに開示する**のというのも、アリではないでしょうか。実はある知り合いのコンサルタントにこういう方がいました。

子どものころ、この方のお父さんが会社を辞めて起業しました。自営業ですから、毎月の売り上げ額に変動があります。いい年、悪い年があって、よかった年はお母さんが家にいる。逆に悪いとパートに出る。お母さんが立派だったのは、お父さんの会社の売り上げがいまこれぐらいでよくないから働きに出るんだ、と説明していたそうです。そのほかにも、これにいくら、あれにいくらかかっていて、みんなで遊園地に行くにもこれだけかかるから、家はあといくら足りないんだとも話したそうです。

「なにもそこまで――」

と思われる方もいるかもしれません。あるいは、子どもに向かってそんなことを言うのは恥ずかしいと言う人もいるでしょう。

一方で、生きるためにかかるコストはいくらかを、間近で身をもって教えるまたとないチャンスでもあります。

ご両親が必死に稼ぐ姿を見たこのお子さんは、いまや優れたコンサルタントに成長しています。

21時間目

「アービトラージ」を制するものが投資を制する

孝史たちが通う道塾学園の創始者・藤田金七が最初に財を成したもの、それは乳牛でした。当時高級品だった牛乳が海外では安く手に入ることに目をつけ、本州に運んで大儲けした金七。

ここにも、投資に通ずる大きなヒントがあります。

7巻 credit.56「英傑への道」より

富士山頂のビールが高くても売れるのはなぜ？

さて授業も終盤です。ここでは、投資にとって重要な「価格差」について考えましょう。

富士山に登った経験はありますか？　ぜいぜい息を切らして、やっと登りきった山頂には、売店があります。そこでは、冷えたビールを800円で売っている。どうでしょう。お酒を飲む方なら、1000円でも1200円でもビールを買ってしまうんじゃないでしょうか。街で買うより5倍高くても欲しくなるのはなぜでしょうか。

まず、山のてっぺんまでビールを運ぶのは骨が折れますし、山頂で飲むビールの味は格別ですから、5倍高くても買う人はいる。こういった理屈から価格設定が成りたっているわけですが、これこそ商取引の基本です。

Aという場所で1万円のものが、場所をBに変えて売ると、2万円、3万円で売れる。実は、こういうことが世の中には無数にあふれていて、専門用語で「アービトラージ」と呼びます。日本語にすると「裁定取引」といって、AとBの価格差を利用して稼ごうという考え方です。

わたしの知り合いで、子どものころからこれをやっていた人がいます。

ある外資系の金融機関で働いている人なのですが、こんな昔話です。

その昔、「週刊少年ジャンプ」は子どもたちが我先に読もうとした大人気マンガ雑誌でした。そんな中、近所の子どもたちに向け、発売日前日に販売しているお店が人知れずありました。業界ルール的にはNGですが、けっこうやっているお店はあったもので、彼のような鼻の利く子は情報を嗅《か》ぎつけて、発売前日に定価で買っていました。当時の小学校では、ジャンプを発売日に読むことがステータス。一日前に買って読み切れば、中古でも翌日同級生に20円引きで転売できることがわかったのです。例えば200円で買って180円で売る。彼がジャンプに払ったお金はたった20円。これだけの出費で、みんなよりも1日早く読めて、20円引きで買えた同級生までハッピー。彼は「こんなにおいしい仕組みはない」と、実感したと言います。

ジャンプと同時期に子ども文化を席巻した「ビックリマンチョコ」でも、アービトラージの強みは活かせたはずです。ビックリマンチョコとは、ウエハース状のチョコ菓子の付録にキャラクターシールがついてくる——ポケモンみたいなもので、なかには稀少性の高いシールも交じっていました。人気が過熱すると、東京などは1人1個、2個までというように購入制限をするお店も出てきました。

ここでアービトラージの出番です。

ビックリマンチョコの購入制限は、日本中でという話ではありませんでした。地方都市では箱で買えましたから、現地に親戚なり知人がいる人はチャンスがあったはずです。人気が過熱する場所では、多少の利益を乗せてもなんなく売れたでしょう。子ども相手のビジネスなので、2倍、3倍の転売は怒られそうですが、自分も子ども時代を思い返して――チャンスを逃したなぁと思います。

大人気ない？

そうでしょうか。冒頭にお話しした富士山山頂のビールもそうですし、古書店や古着屋さんがやっていることも同じで、**アービトラージは経済活動の基本中の基本なのです。ある場所では評価されていないものを、信頼性のある専門店に持っていくと高く売れる。**お客さんも、お店が安く買って高く売っていることは知っていますが、店舗の目利き信頼性、探す手間を考慮すれば「プレミアム価格でもいい」となります。きちんと合意形成がとれている。

アービトラージは価格の話だけでなく、評価の変動にも役立ちます。

たとえばこういう例です。

あるチームに10人の選手がいます。そのなかに一番できるAさんがいて、やや後《おく》れをとって二番手にBさんがいるとしましょう。Aさんがケガをして試合に出られなくなると誰の評価が上昇するか。それはBさんでしょう。

これを自動車関連株に置き換えてみましょう。何かのきっかけでトヨタ株が下がったとき、日産自動車の株価が上がる予測が立ちます。

こういったケースでプロがどう動くかというと、トヨタ株を短期で売買し、日産株を長期で売買します。トヨタ株はいったん売って、下がった段階で買い戻す。日産株は、いったん買って長期で上昇を狙うという考え方ですね。

インターネットが普及した現代、かつてほど情報格差はないかもしれません。しかし、世界中の情報が完全に均一になったかというと、そうではありません。価格や価値のゆらぎはいまだにありますから、アービトラージの重要性が薄れることはありません。何事も、安く買って高く売りたい。うまくいかない時は、場所や時間をずらす。簡単なようで、知らない大人もたくさんいるテクニックです。

22
時間目

大きく資産を築くには

投資の知識を身につけ、成功を収めつつあるさくらの母は、経営する喫茶店を訪れる常連さんたちの要望で、お金についてのミニ講義を行います。彼女が尊敬してうやまないという本田静六《ほんだせいろく》は「仕組み」を巧みに操り、勤め人でありながら莫大な財産を築きました。「日本のウォーレン・バフェット」と呼ばれる静六は、どんな人物だったのでしょうか。

credit.157「コーヒーと、溜め息と」より

10億円の資産を作ったサラリーマン

　これまでお話しをしてきたことの大半は、特別なものではありません。経験のある投資家やプロが読めば、「なにをいまさら」と言われるかもしれません。

　しかし、わたしには確信があります。特別ではないことの積み重ね。つまり「平凡を極める」ことこそ、個人投資家にとって成功の近道だと感じているからです。

　みなさんに紹介したい大先輩がいます。

　本多静六（1866年～1952年）です。江戸末期に生まれ、明治維新、日露戦争、太平洋戦争を生き抜いた投資家が、生涯をかけて築いた資産はいくらでしょうか。

　なんと、現在の金額で「10億円」にも及びます。

　彼はプロの投資家ではありませんでしたし、経営者でもなければ、お金持ちの息子でもありませんでした。現役時代は、東京農科大学（現在の東京大学農学部）で教授を務めた人物で、サラリーマンだったのです。国立大学勤務でしたから、決して高給取りでもありませんでした。

　そんなサラリーマン教授が、なぜ10億円もの巨額資産を蓄えることができたのか。

　答えは、拍子抜けするほどに単純です。それは――。

「給料4分の1天引き貯金法」。

本多静六は、これを25歳から一生涯コツコツ続けました。給料が入ったら、4分の1を給料袋から引き抜いて「もらわなかった。なかったことにした」というんですね。月収が25万円なら6万円が貯金に回る計算です。

むろん、彼には家族もいましたし、親戚とも同居していたようですから、若いころの生活は苦しかったといいます。しかし、彼にはある長期的な目標がありました。それはこういうものです。

「四十までは勤倹貯蓄（倹約に務めて貯金にはげむ）、生活安定の基礎を築き、六十までは専心究学（学問を究めるために集中）、七十まではお礼奉公《れいぼうこう》（社会貢献）、七十からは山紫水明《さんしすいめい》の温泉郷で晴耕雨読《せいこううどく》（晴れの日は土いじり。雨の日は読書）の楽居」（本多静六『私の財産告白』より）

すべてはこれを達成するためにありました。お金を貯めることがゴールだったのではなく、好きな勉学にはげむための手段だったのです。

そのための元手は給料だけでは足りなかったでしょう。だから、本多静六は教員仕事のかたわら、嘱託《しょくたく》で造園や植林業のコンサルタントをし、磨いた知識を活かしてライター仕事にもはげんだといいます。

彼が生涯で書き残した本は370冊にも及びますが、これも「1日1ページ書く」という決まりを自らに課し、毎日コツコツ、愚直に書き続けることで達成したものです。

「コツコツ」こそ王道。「コツコツ」こそ近道

本多静六は「日本のウォーレン・バフェット」と呼ばれます。その名は、彼が貯めたお金の多くを投資に回したという事実に起因します。日本の近代化時代を生きた彼が投資した企業は、鉄道やガス、製紙、ビール会社、鉱業、銀行、セメント、電気など30業種にわたりました。インフラ株を中心に、株を長く保有する長期投資のスタイルをとっていました。

本多静六の投資は、山林の保有にまで及んでいます。現物資産です。当然、買った当初はただの山が価値を持つことはありませんでしたが、街で建築ラッシュが起きれば木材の供給源になり、大きな利益を生んだといいます。

本多静六が40歳になるころ、株の配当＋預金の利息から得るリターンは大学からもらう給料を逆転していました。当然ここには、何度かお話しした投資元本に対する「複利効果」が働いていることを見逃してはなりません。

15年続けただけで、これだけの結果を出せる。

勇気が出てきたのではないでしょうか？　本多静六の著書『私の財産告白』にはこうあります。

「とにかく、金というものは雪だるまのようなもので、初めはホンの小さな玉でも、その中心になる玉ができると、あとは面白いように大きくなってくる」

大きな財産を築いた本多静六の人生は、貯金も執筆も、常に「コツコツ」と供にありました。才能はマネできませんが、この姿勢は、誰にでもマネのできるものだと思います。

こんな人生を送った伝説の投資家が日本にいたことを忘れないでください。

最後に、どうしてもお伝えしておきたい、「情報」との付き合い方について、お話しさせていただきます。

経済と同じで、政治の未来予測もとても難しいものです。

2016年11月のアメリカ大統領選挙で史上稀にみる大波乱が起きました。事前の予想を覆し、ドナルド・トランプ（現アメリカ合衆国大統領）が、ヒラリー・クリントンに勝利したのです。

いま、世界中のメディアが、「トランプ後のアメリカ」をめぐって様々な議論を繰り広げています。なかには、世界経済を牽引してきた「グローバリゼーション」が曲がり角を迎えたという意見もあります。

本書に何度も登場したウォーレン・バフェットは、民主党支持を公言しています。さぞかし、今回の大統領選に落胆していることでしょう。

ただ、社会というのは変化の連続なのです。

アメリカ社会一つとってみても、何度も大イベントを経験してきました。太平洋戦争を戦いました。朝鮮戦争もありました。ベトナム戦争に参加し、ドロ沼の戦いの末、撤退を決めました。1980年代には日本との貿易戦争に敗れ、製造業が大きなダメージを受けました。そして、9・11アメリカ同時多発テロがあり、近年は中国や新興国の台頭にさらされてきました。そして現在、広がった経済格差が大きな問題になり、移民排斥《はいせき》を唱える極右勢力が台頭してきました。

これからの世界はどうなるのか。わたしは予言者ではないので、こればかりはわかりません。

ただ一つ言えることがあります。それはどんな世の中になっても、自分の頭で考え、自分の足で歩ける人が強いということです。そのとき、何が大切になるか。

「情報」が生命線になるはずです。

流れの速いアメリカ経済のなかで、バフェットは一貫して自分の、あるいは顧客から預かった資産を増やし続けてきました。ただ、彼は打ち出の小槌《こづち》を持っていたわけではありません。愚直に、同じことをやり続けてきました。

それはなんでしょうか。

彼の枕元に必ず4冊の本があるといいます。彼は毎晩、これを読んでから寝るそうです。どんな本なのでしょうか？　歴史書か哲学書か。それとも文学の名著でしょうか。

どれも違います。

実は、企業の「有価証券報告書」です。上場企業が毎年提出しなくてはならないぶ厚い書類で、会社の財務状況やどんなビジネスで収益をあげているのかなど、数多くの情報が書かれています。

バフェットはこれをなんのために続けているのか——わたしは「情報の真贋《しんがん》」を見分けるためだと考えています。どの国の株式市場でも同じですが、有価証券報告書に嘘を書くことは許されません。仮に数字を水増ししたりすると、虚偽記載で有罪になります。

ですから、有価証券報告書に書いてあることは、極めて貴重な真実の情報といえます。報道の世界でいうなら「一次情報」です。すなわち、現場でなければ得られない生きた情報で、バフェットはずっとこれを読んできたというのです。

情報には、一次情報、二次情報、三次情報があります。簡単に説明すると、数字が増えれば増えるほど、現場から遠ざかった情報ということになります。

企業を例に引くなら、有価証券報告書が一次情報。国から出てくる各種統計も一次情報です。では、広報から出てくるプレスリリースは何に相当するのでしょうか。実はこれ、二次情報なのです。なぜかというと、ここには、代筆や話を聞いた人の脚色や独自の表現が少なからず入っているからです。それなら、新聞やテレビの報道はどうでしょうか。これは三次情報にあたります。取材者の推測が入っていますし、大幅な編集もなされているからです。

二次情報だからダメ、三次情報だからダメというわけではありません。それぞれ、質の高いものと低いものがあります。真贋を見極め、必要に応じてどの情報をとりにいくのか、自分で考えられるようになって欲しい、ということです。

たとえば、わたしたちのように**投資を本業にしている人間は、重要な発表があるときは必ず原文にあたります。日銀の発表があるときは新聞に載る、会見で配られた原文を読みます。**

また、アメリカの連邦準備銀行（FRB）が、金利を引き上げるというニュースがずっと続いているときも注意をします。報道やニュースだけを見ていると、すぐにでも引き上げられる感覚を持ってしまいますが、実はFRBは「上げる」と発表してはいなかったりすることがあります。していないのに、「上げるのでは」「上げる」という現地報道が過熱し、さも事実のように語られてしまうのです。FRBから出てくる声明もまた、原文で読まないと不正確な情報をつかむ危険がままあります。世界経済に大きな影響を与える「雇用統計」も同じです。取材者・評価する人の願望や推測が入っていては、情報として精度が低くなってしまうのです。

もちろん、有価証券報告書やFRBの声明を原文で読むなんてことは、すぐにはできません。訓練が必要です。ただし、いまからでもできることはあります。

ウェブや新聞のニュース。雑誌でもいいですし、職場や学校で配られるレポートでも構いません。

文章を読み、どの箇所が事実を元にしたもので、どこが推測や評論なのか。マーカーで色分けしてみてください。これを繰り返していると、情報を見抜く眼がよくなります。

また、新人の金融マンがよくやりますが、その日の新聞朝刊から好きな記事、気になる記事を切り抜き、会社に持っていきます。彼らは、先輩・同僚に「なぜこれを選んだのか」

を毎朝プレゼンする。「こんな記事は珍しくない」「役に立たない」など散々ダメ出しをされることもありますが、これで価値のある情報がどれかを見抜く力が磨かれます。人に響く情報とは何なのか、ということです。同じことは、ウェブでもできます。クリップして人に話す。その反応を見極めていくのも一つの手です。

大切なのは、バフェットのように毎日同じことを繰り返すことです。情報であふれるいま、同じことを毎日繰り返すのは退屈かもしれません。周りがどんどん変わっていくのに、自分だけ同じことをやり続けていていいのかと感じるかもしれません。

ただ、情報の真贋を掘り下げることは、どれだけ社会が不安定になろうとも、どれだけ大きな変化にさらされようとも、その大切さは変わることはないでしょうし、投資家にとって必要な「価値を見抜く力」が磨かれることは間違いありません。

これこそ、自分の頭で考え、自分の足で歩くということなのです。電車に乗ればスマホ、家に帰ればテレビ。先にお話しした三次情報の海に溺れるより、よほど面白い人生だと思います。そう、そのときに、投資という道具は極めて強力な力を発揮します。人や企業、テクノロジー、社会そのもの。投資を通じて誰かに1票を投じることで、あなた自身も彼らからのお返しで成長していけるかもしれません。

ここまで読んでいただければ、もうあなたは投資家として入り口に立ったのと同じです。最後にわたしが尊敬してやまない投資家ウォーレン・バフェットの名言をお伝えして本項を締めたいと思います。

You don't need to have extraordinary effort to achieve extraordinary results.
（並外れた結果を出すのに、並外れた努力は要らない）

You just need to do the ordinary, everyday things exceptionally well.
（だた、日々普通のことを並外れて行うだけでよい）

皆さんの投資ライフが輝かしいものになることを願っています。

ファイナンシャルアカデミー　渋谷豊

せめて25歳《さい》で知《し》りたかった投資《とうし》の授業《じゅぎょう》

二〇一七年 一 月二五日 第一刷発行

著者 ファイナンシャルアカデミー

発行者 藤崎隆《ふじさきたかし》・太田克史《おおたかつし》
編集担当 今井雄紀《いまいゆうき》
企画協力 柿内芳文《かきうちよしふみ》（コルク）
ライティング 岡本俊浩《おかもととしひろ》

アートディレクター 吉岡秀典《よしおかひでのり》（セプテンバーカウボーイ）
デザイナー 山田知子《やまだともこ》（チコルズ）
フォントディレクター 紺野慎一《こんのしんいち》
漫画 三田紀房《みたのりふさ》
校閲 鷗来堂《おうらいどう》

発行所 株式会社星海社
〒一一二-〇〇一三
東京都文京区音羽一-一七-一四 音羽YKビル四階
電話 〇三-六九〇二-一七三〇
FAX 〇三-六九〇二-一七三一
http://www.seikaisha.co.jp/

発売元 株式会社講談社
〒一一二-八〇〇一
東京都文京区音羽二-一二-二一
（販売部）〇三-五三九五-五八一七
（業務部）〇三-五三九五-三六一五

印刷所 凸版印刷株式会社
製本所 株式会社国宝社

ISBN978-4-06-138592-4
Printed in Japan

投資家が「お金」よりも大切にしていること
藤野英人
糸井重里氏
『これは、いい参考書です。
うちのスタッフも、みんな買いましたよ』
堀江貴文氏
『もっと話題になって売れていい本だ。
投資・お金に対する正論のオンパレード』
「モーニング」連載中大人気投資マンガ
インベスターZ
も大推薦!!

星海社新書ラインナップ

1 武器としての決断思考 瀧本哲史

「答えがない時代」を生き抜くための決断力

教室から生徒があふれる京都大学の人気授業「瀧本哲史の意思決定論」を新書1冊に凝縮。これからの日本を支えていく若い世代に必要な〝武器としての教養〟シリーズ第1弾。

2 仕事をしたつもり 海老原嗣生

いつも忙しいのに成果が出ない。なぜだ！

どうしてみんな、一生懸命働いているフリをするのか？ 時間と労力の無駄なのに、どうしてそれはなくならないのか？「雇用のカリスマ」海老原嗣生が、ビジネスの常識をぶった斬る。

8 世界一退屈な授業 適菜収

先生は、諭吉・稲造鑑三・国男・幾多郎！

読書、仕事、金、学問、人生とは何か？　江戸・明治・大正・昭和の時代を生きた5人の〝本物の先生〟の熱いメッセージを、いまを生きる若者たちに向けて、哲学者・適菜収が編纂！

SEIKAISHA SHINSHO

星海社新書ラインナップ

9　20歳の自分に受けさせたい文章講義　古賀史健

「書く技術」の授業をはじめよう！

なぜ「話せるのに書けない！」のか。若手トッププロライターの古賀史健が、現場で15年かけて蓄積した「話し言葉から書き言葉へ」のノウハウと哲学を、講義形式で一挙に公開！

14　僕たちはいつまでこんな働き方を続けるのか？　木暮太一

しんどい働き方は根本から変えていこう！

『金持ち父さん貧乏父さん』と『資本論』の主張は全く同じだった！ 資本主義の中でどうすれば労働者は幸せになれるのか？ ラットレースからの抜け出し方を作家・木暮太一が丁寧に解説。

16　自分でやった方が早い病　小倉広

仕事をためこむバカにはなるな！

「任せ方がわからない」「任せたくない」「教えるのが面倒」……そんな思考に陥ってはいないだろうか？　本書ではリーダーシップ研修のプロが「本当の任せ方」「人の育て方」を披露する。

SEIKAISHA SHINSHO

星海社新書ラインナップ

25 キヨミズ准教授の法学入門 木村草太

日本一敷居の低い、法学入門書！

喫茶店で、不思議な大学の先生と出会ったことから、僕は法学に興味を持つことに……。気鋭の憲法学者×漫画家・石黒正数。「法学的考え方」を小説で面白く学べる、最高の法学入門！

38 百合のリアル 牧村朝子

女に生まれて、女を愛して……。

セクシュアルマイノリティの知識は、現代人の基礎教養だ！ 女の子同士はどこで出会うの？ どうやってセックスをするの？ 国際同性婚した著者が語る、「女の子同士」のリアル。

47 アニメを仕事に！ トリガー流アニメ制作進行読本 舛本和也

キツイ！ しんどい！ けど、最高に面白い！

本書では、「アニメがどのようにして作られているか」を、制作進行という役職の視点からお伝えします。発信元は、『キルラキル』を創ったTRIGGER。事例に不足はありません。

星海社新書ラインナップ

50　夢、死ね！　若者を殺す「自己実現」という嘘　中川淳一郎

“ありのまま”では、メシは食えない！

本書は、叶わぬ夢になど頼らない、地に足の着いた仕事論である。さあ諸君、自己実現に悩むのをやめ、「夢を諦める日付」を手帳に書き入れよう。仕事は元来、くだらないものなのだから。

51　弁護士が勝つために考えていること　木山泰嗣

いつかあなたも訴えられる!!!

「訴えたい」と思ったことはありますか？　もしくは「訴えられそう」になったことはありますか？　弁護士が勝つために考えていることを通じて、民事訴訟の仕組みを今明らかに。

55　あなたのプレゼンに「まくら」はあるか？　立川志の春

イェール→三井物産→立川志の輔門下！

修業を経て私の中に芽生えたのは、「サラリーマン時代に落語知っていれば、もう少しましな仕事ができたのに」という思いでした。落語には、仕事を進化させるヒントが詰まっています。

SEIKAISHA SHINSHO

星海社新書ラインナップ

62 声優魂 大塚明夫

悪いことは言わない。声優だけはやめておけ。

確かな演技力と個性ある声で、性別と世代を超えて愛され続ける唯一無二の存在、大塚明夫。本書は、そんな生きる伝説が語る、生存戦略指南書である。「一番大事なのは、生き残ること」

64 いいデザイナーは、見ためのよさから考えない 有馬トモユキ

いいデザインには、ロジックがある！

「デザイン」は、「デザイナー」と呼ばれる人たちの専売特許ではありません。センスや絵心のせいにするのはいい加減やめにして、共に「デザインの論理」について学びませんか？

65 整形した女は幸せになっているのか 北条かや

顔さえ変えれば、うまくいく？

時に幸せの必要条件であるかのように語られる「美しさ」。後天的に美を獲得した女性は、同時に幸福も得ているのか？　現代社会のいびつな問いに、社会学の俊英が挑む。

70 全国国衆ガイド 戦国の"地元の殿様"たち 大石泰史・編

全国514氏、
津々浦々の殿様たち

戦国時代、守護や戦国大名の介入を受けず、時には郡規模に及ぶ領域を支配した国衆たちがいた。本書は、一般書として初めて国衆を網羅的に扱った。中世史研究の最前線がここにある！

72 広岡浅子 明治日本を切り開いた女性実業家 小前亮

波乱万丈、
明治女子の生涯！

三井家から大坂の豪商・加島屋に嫁ぎ、銀行業、炭鉱業、生命保険業、女子教育に尽力した女傑・広岡浅子。歴史小説家が史料に基づき、時代背景をも紐解きつつ語る、唯一の本格伝記！

74 白熱洋酒教室 杉村啓

人生を変える一杯は、
必ず見つかる。

ウイスキー、ラム、ブランデー……世界中で愛される蒸留酒。「度数が高いから」「難しそうだから」で敬遠するのはもったいない！　味覚を育てながら、最高の一杯を探しましょう！

星海社新書ラインナップ

83 大塚明夫の声優塾 大塚明夫

埋没するな！馬群に沈むぞ！

一夜限り、“本気”の人たちだけを集め行われた声優塾。大塚明夫本人が全国から集まった16人の生徒と対峙したその貴重な記録を一冊に凝縮した、実践的演技・役者論！

92 謝罪大国ニッポン 中川淳一郎

日本人は、なぜ謝り続けるのか？

ネット編集者・ライター、PRマンとして数多くの謝罪を目撃し体験してきた筆者が、現代社会に渦巻く謝罪の輪廻の実情と原因を豊富な事例とともに検証・分析する！

99 アニメを3D《サンジゲン》に！ 松浦裕暁

3DCGが、日本のアニメを変革する！

3DCGアニメのパイオニア「サンジゲン」の代表自らが筆を取り、3DCGが日本のアニメ業界にもたらした衝撃を熱弁。日本のものづくりが世界と戦うために必要なものがここにある！

SEIKAISHA SHINSHO

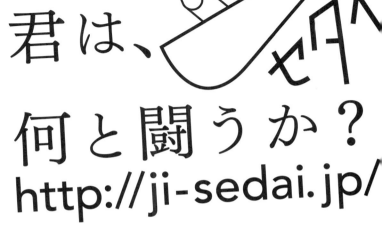

次世代による次世代のための

武器としての教養
星海社新書

星海社新書は、困難な時代にあっても前向きに自分の人生を切り開いていこうとする次世代の人間に向けて、ここに創刊いたします。本の力を思いきり信じて、みなさんと一緒に新しい時代の新しい価値観を創っていきたい。若い力で、世界を変えていきたいのです。

本には、その力があります。読者であるあなたが、そこから何かを読み取り、それを自らの血肉にすることができれば、一冊の本の存在によって、あなたの人生は一瞬にして変わってしまうでしょう。思考が変われば行動が変わり、行動が変われば生き方が変わります。著者をはじめ、本作りに関わる多くの人の想いがそのまま形となった、文化的遺伝子としての本には、大げさではなく、それだけの力が宿っていると思うのです。

沈下していく地盤の上で、他のみんなと一緒に身動きが取れないまま、大きな穴へと落ちていくのか？　それとも、重力に逆らって立ち上がり、前を向いて最前線で戦っていくことを選ぶのか？

星海社新書の目的は、戦うことを選んだ次世代の仲間たちに「武器としての教養」をくばることです。知的好奇心を満たすだけでなく、自らの力で未来を切り開いていくための〝武器〟としても使える知のかたちを、シリーズとしてまとめていきたいと思います。

2011年9月

星海社新書初代編集長　柿内芳文

SEIKAISHA SHINSHO